당신의
성공을
위한

미래
뉴스

당신의 성공을 위한 미래뉴스

초판 1쇄 찍음 2008년 2월 15일
초판 1쇄 펴냄 2008년 2월 22일

지은이 박영숙

주간 강창래
책임편집 정광준 **편집** 허경희, 김영옥 **디자인** 이인희
마케팅 양승우, 정복순, 최동민 **관리** 최희은

인쇄제본 상지사
종이 화인페이퍼

펴낸이 최정환
펴낸곳 도솔출판사
등록번호 제1-867호 **등록일자** 1989년 1월 17일
주소 121-841 서울시 마포구 서교동 460-8번지
전화 335-5755 **팩스** 335-6069
홈페이지 www.dosolbooks.com
전자우편 dosol511@empal.com

값은 뒤표지에 있습니다.

ISBN 978-89-7220-218-9 03320

박영숙 유엔미래포럼·세계미래회의 한국대표

당신의 성공을 위한

미래뉴스

FUTURE NEWS

미래뉴스를 읽은 뒤
계획을 수정한 당신에게 사랑을 보내며

미래뉴스에서 성공계획을 찾아내다

300년 전 토마스 페인은 《상식》을 써서 세상을 변화시켰다. 책이름은 '상식'이었지만, 그때까지 상식이 아니었던 내용을 담았다. 그러나 많은 사람들이 그 내용을 상식으로 받아들이면서 미래의 현실을 만들었다.

이 책도 '상식'을 담고 있다. 미래에 대한 제대로 된 전망이 없다면 어떤 계획이든 성공하기 어렵다. 그런데 아직도 우리 사회는 미래에 대한 관심이 적다. 서구에서는 이미 메가트렌드와 마이크로트렌드가 상식이다. 그 트렌드를 바탕으로 미래뉴스가 흘러 다니고, 어떤 계획이든 그것이 바탕이 된다. 그런 상식, 미래뉴스를 이 책에 담았다.

새해 첫 주부터 반가운 소식이 들렸다. 유엔미래포럼 박영숙 대표의 미래뉴스가 라디오를 타고 사람들의 미래 전망에 불을 붙이기 시작했고 정부와 기업체, 시민들을 대상으로 한 대중강연 요청이 쏟아져 들어왔다. 그리고 미래뉴스를 바탕으로 새롭게 세운 계획을 다시 새롭게 수정했다는 소식도 들린다. 미래뉴스에서 성공하는 계획을 찾을 수 있었다는 이야기다.

⦂ 피터 페스티의 비디오, 21세기 로드맵

가끔 비디오로 보는 정보가 더 잘 받아들여지기도 한다. 그런 것 가운데 하나가 피터 페스티Peter Pesti가 만든 〈21세기The 21st Century〉이다. 유튜브Youtube에 있다. 검색엔진에서 피터 페스티Peter Pesti를 쳐도 쉽게 찾을 수 있다. 찾아보셨는지?

그 다음으로는 비장의 목록을 공개한다. 컴퓨터 앞에 앉게 된다면 하나하나 찾아보기 바란다. 물론 이 내용들은 저자에게서 받은 것들이다. 이 페이지들에는 첨단기술에 대한 해설뿐만 아니라 전 세계 수많은 석학들이 그려놓은, 온갖 미래뉴스가 담겨 있다. 실시간으로 '나의 미래 감각'을 업데이트할 수 있다. 물론 이 내용들은 저자에게서 받은 것들이다.

- ◆ http://www.acunu.org/
- ◆ http://www.cnam.fr/lipsor/eng/memoryofprospective.php

- http://ifsmodel.org/
- http://public.itrs.net/
- http://top500.org/lists/2005/11/p/Performance_Development
- http://www.btplc.com/Innovation/News/timeline/index.htm
- http://www.btinternet.com/~ian.pearson/docindex.htm
- http://techcast.org/
- http://www.kurzweilai.net/meme/frame.html?main=/articles/art0361.html
- http://en.wikipedia.org/wiki/Timeline_of_human_evolution
- http://metaverseroadmap.org/resources.html
- http://research.microsoft.com/towards2020science/
- http://www.eiu.com/site_info.asp?info_name=eiu_Cisco_Foresight_2020
- http://www.ibm.com/gio/

사람들은 박영숙 '앵커'에게서 놀라운 미래뉴스를 들으면서 뉴스 그 자체에 빠져들지 못하고 '필기'에 바쁘다. 중요한 자료를 하나라도 놓칠 수 없다는 생각 때문일 것이다. 그러나 이미 이 책을 가졌다면 그것으로 충분하다. 중요한 자료를 다 담고 있기 때문이다. 또 강연하는 모습을 찍은 비디오도 공개할 작정이다. 책은 인터넷이나 비디오가 주지 못하는 또 다른 멋진 상상력을 선물한다. 당신이 이 책을 샀다면 당신이 그 증거다.

사라지는 것들은 그림이 없고, 사이버공간도 그렇다

편집을 시작할 때는 미래의 삶을 구체적으로 상상할 수 있도록 그

▲ 허블우주망원경으로 찍은 사진 가운데 하나로 '독수리 네뷸라Eagle Nebula'라고 이름 붙은 것이다. 허블우주망원경을 쓰면서부터 빅뱅big bang이 일어난 뒤 5억 년쯤 지난 시점부터 우주의 중심에서 초속 30만 킬로미터 속도로 이제 막 지구에 도착하기 시작한 빛까지 잡을 수 있게 되었다. 순간순간 달라지는 과학기술 발달로 우리는 오래지 않아 태양계 바깥을 여행할 수 있을지도 모른다.

과학기술이 우리 삶을 바꿔버릴 메가트렌드를 알아야 하는 이유는, 이제 과학이 공상이 아니라 현실로 바로 앞에 다가와 있기 때문이다. 우리는 태양계 바깥 우주를 알게 된 지 얼마 지나지 않아 이 사진까지 찍었고, NASA의 사진을 지금 당신이 보고 있다.

림을 많이 쓰고 싶었다. 그런데 '좋은 그림'이 너무나 적었다. 독자들은 어쩌면 이 책에 담긴 그림조차도 그다지 새롭지 않다고 느낄지 모른다. 그러나 잘 들여다보면 내용은 그렇지 않다.

문제는 이런 것이다.

미래의 모습에서 가장 큰 변화 가운데 하나는 인구가 줄어든다는 것이다. 인구가 많아진다면 그림이 되지만 인구가 줄어든다면 그림이 되질 않는다. 사라지는 것이기 때문이다. 과학기술도 그렇다. 컴퓨터는 칩 하나 크기로 작아진다. 사람들은 그것을 몸 어딘엔가 지니고 다니게 된다. 보이지 않는 곳으로 들어간다는 것이다. 역시 '그림 없음'이다. 또 인터넷에서 섹스까지 할 수 있으리라고 한다. 그것도 그림으로 보여줄 방법이 없다. 심하게는 투명인간 기술도 개발되었다고 하는데, 당연히 그림은 없다! 그나마 로봇에 대해 멋진 그림을 찾을 수도 있다. 그러나 사람들은 이미 영화에서 많이도 본 것들이다. 그러니 그냥 〈아이 로봇I, Robot〉 같은 영화를 보는 것이 낫다.

그러나 멋진 미래 그림을 찾으려고 애썼다. 그런 것 가운데 하나가 네뷸라 사진이다. 어쩌면 생각보다 빨리 우리는 이곳으로 여행할 수 있을지 모른다. 과학기술 발달은 순간적이기 때문이다. 아름답게 날아오르는 독수리 네뷸라 사진을 시작으로 미래뉴스를 즐기시길 바란다. 즐기는 사람의 성공확률이 가장 높으므로!

〔강창래 편집주간〕

나는 날마다
세계 최고의 미래학자들과
메신저로 만난다

나는 날마다 세계 최고의 미래학자들과 메신저로 이야기를 나누고 정보를 주고받는다. 미래를 제대로 그려내려면 시시각각 바뀌는 정보를 받아보아야 하기 때문이다. 또 그 기술의 발달은 이제 한두 분야의 발달이 아니라, 종합적으로 융합된 것이기 때문에 한 두 사람의 전문가 의견만으로는 답을 얻을 수 없다. 너무나 빠르게, 너무나 복잡한 기술이 하나로 뭉쳐지면서 발전하기 때문에 수많은 전문가들과 정보를 주고받으면서 토론을 해야만 답을 얻을 수 있다. 그래서 나는 메신저로 또는 세컨드 라이프SecondLife.com 토론장에서 날마다 그들을 만나는 것이다. 정확하게 예측하기 어려운 미래의 모습을 알기 위해서는 이것이 최선의 방법이다. 그러니 이 책에 담긴 이야기는 나 혼자만의 생각이 아니다. 수백 억의 돈을 들여서 마련된 〈국가미래보고서 2020, 2025〉를 기초로 한 것이고, 또 전세계 최고의, 거의 모든 분야 학자들의 생각을 종합한 것이다. 그 학자들의 이름만 다 써도 책 한 권을 다 채울지 모른다. 이 책의 내용이 다른 '미래학' 또는 '미래예측'을 다룬 책의 내용과 다른 점이 그것이다. 피부에 와 닿지 않는 학문적인 것이 아니라 내가 맞이할 미래 모습을 보여준다는 것이다.

⫶ 전신마비 환자가 마음대로
   컴퓨터를 다루는 정도는 뉴스도 안된다

그런데 미래학자들과 나눈 이야기를 일반인들에게 꺼내면 처음에는 좀 황당해 한다.

◀ 의자에 앉아 있는 사람이 전 미식축구선수였던 매트 네이글Matt Nagle이다. 2001년에 사고로 전신마비가 되었지만 2003년에 브레인게이트BrainGate를 머리에 꽂고는 생각만으로 컴퓨터에 명령을 내린다. 2년 앞서 나온 베르나르 베르베르의 《뇌》에 나오는 주인공 마르탱도 이런 상태였다.

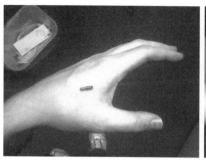

▲ '라디오 신호 개별인식 칩' 정도로 번역할 수 있는, RFID 칩은 이렇게 작다. 이렇게 작은 칩을 몸에 심으면 사람과 사람이 느낌과 생각을 주고받을 수 있다고 한다. 그런 실험을 한 사람이 인공두뇌학자인 케빈 워릭이다. 그런 실험을 하고 쓴 책이 《나는 왜 사이보그가 되었는가》이다. 그러나 이 칩을 통해 그 사람이 언제 어디에 있었는지를 정확하게 알 수 있어서 프라이버시가 완전히 공개될 수 있는 위험도 있다.

　예를 들면 투명인간이 만들어질 것이라는 기술예측이 있다. 사람들의 첫 반응은 대개 공상과학소설 이야기냐는 표정이다. 그러나 투명인간을 가능케 하는 광학망토Optical cloaking 이야기를 해주면 '조금은' 이해가 되는 것 같다. 사람이 무엇인가를 보는 것은 빛 때문이다. 그런데 빛을 차단할 수만 있다면 투명인간도 가능하다. 광학망토는 단파를 내어 빛의 흐름을 막는 것이다. 이미 아주 멀리 있는 물체를 보이지 않게 하는 데는 성공했다. 그러나 가까운 거리에서도 보이지 않게 빛을 차단하는 기술은 조금 더 어렵다고 한다. 그래도 10년 안에는 개발된다는 것이다. 과연 투명망토가 일반화되는 사회는 어떤 모습일까? 사실 상상도 잘 되지 않는다. '기술 개발'이 이루어진다는 것은 분명한 일이다.

투명인간 이야기가 아무래도 황당하다면, 벌써 3년 전에 전 세계 언론의 토픽이 되었던 것을 생각해보자. 사실 12쪽의 그림은 비디오로 보면 좀 더 잘 실감할 수 있다. 이것은 큐채널에서 2005년 4월 22일에 방영되었던, 〈또 하나의 우주, 뇌 혁명의 시작〉 앞부분에 나오는 장면이다. 앉아 있는 사람은 미식축구 선수였던 매튜 네이글이라는 사람이다. 그는 사고로 전신마비가 되었지만 머리에 심은 칩과 컴퓨터를 연결해서, 생각만으로 컴퓨터를 사용한다. 당연히 이메일을 주고받고 세상과 소통할 수 있다. 재미있는 것은 2001년에 나온 베르나르 베르베르의 소설 《뇌》의 주인공도 이런 상태였다. 상상과 과학과 현실이 그저 어제, 오늘, 내일쯤으로 이루어지고 있다. 사람들이 그것을 느낄 수 있다면 그것만으로도 내 책의 반은 성공한 셈이다.

● 더 가까이 보자
누구나 **위성사진**을 마음대로 **조작**할 수 있다!

미래 이야기 가운데 사람들이 쉽게 이해하는 것이 컴퓨터다. 지금으로부터 25년쯤 전만 해도 컴퓨터 값은 수천억 원에 이르렀고 크기는 40평 아파트 하나를 차지할 만큼 컸다. 그러면서도 곤충의 지능밖에 되지 않았다. 그러나 지금 컴퓨터는 1킬로그램쯤 될 만큼 작아졌고 쥐의 두뇌쯤은 된다. 그 발달 속도는 어마어마하다. 지금부터 겨우 17년 뒤면 지금의 칩^{chip} 하나 크기이지만, 사람의 지능과 같아진다. 인간처럼 감정을 가지고 상상을 하며 사랑할 수 있으며 사람과 로봇이 섹스를 나눌 수도 있으리라고 한다. 2050년이 되면 컴퓨터 한 대가 지구의 모든 사람을 합친 것만큼 뛰어난 지능을 가지는 수준에 이른다.

이런 기술 발달 속도가 얼마나 빠른지는 나이가 마흔 이상인 사람들은 몸으로 체험하고 느끼는 것이다. 10살 때 살던 세상과 지금은 완전히 다른 세상이다. 컴퓨터와 인터넷이 우리 삶을 완전히 바꿔놓은 것이다. 현재 인터넷 세상의 웹 2.0이 한창이지만 아직도 그것을 잘 모르는 사람들이 많다. 예를 들면 구글 어스^{Google Earth}를 써보면 지구 어디든 하늘에서

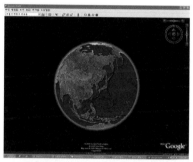

▲ 구글 어스Google Earth를 실행한 첫 화면. 오른쪽 윗 부분에 컨트롤 패널이 달려 있고, 지구에서 가보고 싶은 곳을 더블 클릭해도 된다.

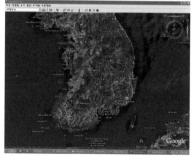

▲ 한국으로 접근하는 모습을 볼 수 있다.

▲ 땅과 가까워지면서 서울과 인천이 보인다.

▲ 하늘에서 내려다본 광화문. 구글 어스를 쓰면 2미터 위에서 보는 모습까지 확인할 수 있다고 한다.

내려다보이는 모습을 볼 수 있다.

15쪽 그림을 보자. 위의 그림은 구글 어스를 처음 실행한 모습이다. 아래 그림은 한국으로 찾아온 것이고, 옆의 그림은 수도권과 광화문이다.

이것은 4년 전에 나온 것이다. 벌써 이처럼 FBI나 CIA가 아니라 보통사람 누구라도 지구 어디든 가볼 수 있다.

언젠가 미래회의에서 한 아이를 만난 적이 있는데, 이 아이는 자기에게 5000달러만 주면 큰돈을 벌 수 있다고 해서, 뭘 하려고 하느냐고 물어본 적이 있다. 그러니까 그 아이는 지붕 위에 광고를 만들려고 한다는 것이었다. 누가 지붕 위에서 하늘을 보고 있는 광고를 보겠느냐고 하자, 구글 어스를 들먹였다. 구글 어스는 2미터 위에서 볼 수 있을 만큼 발달했다.

기술 발달이 우리 삶을 얼마나 바꿔줄 것이고, 그것이 산업변화에 미칠 영향이 얼마나 클지 알 수 있는 이야기다.

❖ 미래뉴스를 알면 바뀐 미래사회를 짐작할 수 있다

미래의 모습을 그리면서 만나는 중요한 문제 가운데 하나가 저출산 고령화다.

얼마 전에 메신저로 외국인들과 이야기를 하는데 한 사람이 사진 한 장을 찍어달라고 부탁해왔다. 그래서 나는 부산 역 광장에 사람이 많이 모이는 날을 잡아 찍어서 보내주었다. 그랬더니 그 사진이 인터넷에서 떠도는데, 사진 설명이 이랬다. '세계에서 맨 먼저 사라질 종족 사진'

정작 한국 사람들은 이 문제에 대해서 아직도 그다지 심각하게 여기지 않는 것 같다. 그러나 외국에서는 이미 한국을 전 세계에서 맨 먼저 사라질 나라로 꼽는다. 한국은 지금 전 세계에서 저출산율 최고를 기록하고 있다. 그 가운데서도 부산은 0.81명(2006년)으로 다른 변수가 없다면 정말 오래지 않아 부산 사람은 이 세상에서 사라질 것이다. 옥스퍼드 인구문제연구소 데이비드 콜먼 박사가 한국을 저출산 때문에 지구촌에서 사라질 첫 번째 나라로 꼽은 지도 꽤 되었다. '코리아 신드롬'이란 말을 만든 사람이다. 한국은 2015년쯤부터 총 인구 수가 줄어들 것이라고 하지만 미래를 예측하는 사람들은 그보다 빠르리라고 본다. 그러다가 2305년이면 마지막 한국 사람이 죽을 것이라고 한다.

저출산 문제는 벌써부터 나타나고 있다. 아동용 물건을 만드는 시장은 점점 줄어들고 있고, 산부인과나 소아과 의사들은 할 일이 없어지고 있다. 산부인과를 운영하는 의사가 운영난 때문에 자살했다는 뉴스가 나온 지도 벌써 두 해쯤 지났다.

인구 문제는 우리 삶의 변화를 짐작케 해준다. 인구가 줄어들면 부동산 거품은 자연스럽게 꺼질 것이다. 살 사람이 없다면 값이 내려가지 않을 도리가 없다. 또 보통 100살까지 살게 되면 일하는 사람들도 모두 노인이다. 노인과 관련된 산업이 많이 생겨날 것이고, 노인을 위한 의료분야가 뜰 것이다.

⋮ 기술변화 시간표가 바꿔버릴 우리 삶의 모습

기술의 변화가 우리 삶을 얼마나 빠르게 엄청나게 바꿔버릴지 조금은 짐작이 가리라 생각된다. 그러고 보면 기술의 변화에 대한 전망을 안다는 것은 무척이나 중요한 일이 아닐 수 없다.

사실 미래를 예측하는 일은 정확한 것은 아니다. 그러나 미래 예측에 관심을 가지고 오랫동안 집중해 보면 트렌드에 대해 어느 정도 느낌을 가질 수 있을 것이다. 적어도 모르는 것보다 나을 것이고, 또 미래를 만드는 동력이 될 수 있다. 미래가 어떻게 되도록 내 마음대로 통제할 수는 없지만 영향을 미칠 수는 있다. 그런 영향력은 선택이다. 기술예측과 발달에 대해서야 개인이 통제할 수는 없지만 어떤 기술을 선택하고 그 기술이 우리 삶에 영향을 미치게 만드는 것은 수많은 개인들이 선택함으로써 영향을 줄 수 있다.

존 나이스비트를 진정한 미래주의자라고 할 수는 없지만 일반대중에게 미래학을 소개한 공로가 크다는 점에서는 인정할 수밖에 없다. 그가 낸 최근 책, 《마인드 세트》를 보면 새겨둘 만한 이야기가 있다. 1960년대 말, 신문 가판대에 학교위원회가 새로운 개혁 정책을 가결했다는 기사를 읽고 가판대에 있는 모든 신문들을 날마다 읽는다면 현재 미국에서 일어나고 있는 변화의 유형을 감지할 수 있다는 사실을 깨달았다. 물론 뉴스를 본다고 해서 누구나 미래예측을 할 수 있는 것은 아니다. 뉴스를 얼마나 많이, 또 어떻게 읽고 어떻게 정리하느냐에 달려 있을 것이다. 그러나 누구나 인정할 수밖에 없는 것이 있다.

그 시작은 미래뉴스를 보는 것이다.

차례

**1장
인터넷으로
감정까지
전송한다**

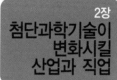

2장
첨단과학기술이
변화시킬
산업과 직업

3장
개인이 더 많은 권력을 가진다

HOUSING　STOCK　SCIENCE　HEALTH

WEB　POLITICS　WELLBEING　U.F.O

20 09　20 10　20 11　20 12

20 13　20 14　20 15　20 16

ENTER

4장
게임처럼 이루어질
사이버공간의 교육

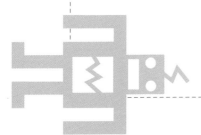

미래의 삶을
바꿔버릴
다섯 가지 메가트렌드

대부분의 미래연구단체가 기본적으로 동의하는 미래사회 메가트렌드 5가지가 있다. 첫째, 저출산 고령화 등 인구변화, 둘째, 첨단 과학기술에 따른 사회변화, 셋째, 글로벌화·지구촌화·하나 되는 현상Oneness·세계정부 탄생, 넷째, 이동성 강화에 따른 급격한 교육이주, 노동이주, 행복이주, 라이프 스타일의 변화, 그리고 다섯째 여성성 강화 등이다 그 외에도 교육의 변화를 메가트렌드로 보는 전문가들도 많다.

인구변화는 미래사회 메가트렌드를 보여주는 기본 자료다. 미래의 인구변화를 보면 경제규모, 식량이나 제품의 소비, 첨단기술 발전의 방향 등을 점칠 수 있기 때문이다. 서구에서는 1970년대부터 저출산이 시작되어 지난 38년간 온갖 노력을 다 기울였지만 출산율은 높아지지 않았다. 육아휴가를 3년 혹은 8년 동안 주는 나라도 있고 호주처럼 정부가 출산 때 5000달러를 보조하고 육아 비용을 다 보태줘도 출산율은 높아지지 않고 있다. 인구문제 전문 가는 농경산업시대에는 아이가 자산^{asset}이었지만 정보화시대에 아이는 비용^{expense}이기 때문이라고 설명한다. 농경시대에는 밭에 자식 열 명 풀어놓은 집안과 한 명 풀어놓은 집안의 수확량이 달 랐다. 산업시대 초기에도 빗자루공장에 자식 열 명 보낸 집안과 한 명 보낸 집안의 생산량이 달랐다. 그러나 정보화시대로 접어들 면서 자식은 비용이다. 즉 아이를 낳으면 돈이 든다는 생각 때문 에 저출산이 빚어지는 것이다.

그런데 가장 부유한 나라가 최저출산율을 기록하고 한국 상황 을 보더라도 가장 부유한 강남지역이 출산율이 낮은 것을 보면, 재정지원이 출산장려운동의 전부가 아니라는 것을 알 수 있다. 출산장려운동은 서구에서는 이미 국가의 장래가 달린 일로 접근 한다.

첨단과학기술의 발전은 하루하루 우리를 놀라움의 소용돌이 속 으로 빠뜨린다. 인공지능 로봇, 광통신, 바이오기술 등 첨단기술은 무서운 속도로 성장하고 있다. 일상에서도 내가 알고 있던 지식이 나 일해오던 방식이 하루아침에 바뀌는 일이 허다하다. 타자를 치 다가 컴퓨터를 치더니 이제는 음성인식기기에 말만 하면 되는 세 상이 되었다. MIT의 레이크즈 와일 박사는 컴퓨터의 지능이 2007

▲ GM 사의 컨셉트 카. 이 차는 디즈니월드 궤도를 돌면서 미래의 차가 어떻게 진화할 것인지를 보여주었다.

년에는 쥐의 지능 수준이다가 2025년에는 한 사람의 지능 수준으로 똑똑해지고, 2050년이 되면 지구촌 인구 91억 명과 컴퓨터 한 대가 똑같아진다고 예측했다.

또한 많은 학자들이 지구촌에서 어떻게 세계정부가 탄생할지 논의하고 있으며, 현재 세계정부를 지향하는 100여 개 단체가 활동

중이다. 기후변화, 지구온난화, 환경오염, 물 부족, 자원 부족, 전염병 확산, 국제범죄, 저출산 고령화, 반민주주의 등은 인류 전체가 노력하지 않으면 도저히 해결할 수 없는 과제다. 한 국가만 기후변화에 대처하려 노력해보아도 소용이 없는 것이다. 그러므로 지구촌이 함께 만드는 세계정부가 이런 문제를 해결하지 않으면 인류가 공멸할 수밖에 없다는 주장이다.

2020~2023년이 되면 극초음속비행기가 지구촌을 두 시간대로 연결시켜주어, 사실상 한 나라에서만 직업을 구하거나 기업을 경영하는 것이 불가능해진다. 지구촌의 이동성 강화로 많은 교육이주, 노동이주가 일어나고 심지어 행복을 찾아 떠나는 행복이주가 일어나 사람들은 자신이 살고 싶은 나라에 가서 살고자 한다.

여성성 강화도 눈여겨볼만 하다. 농경시대와 산업시대에는 남성의 힘과 노동력이 필요했다. 남성은 밖에 나가 사냥을 하거나 공장에서 무거운 물건을 들어 올리곤 했다. 그러나 정보화시대에는 조그맣고 섬세하고 정밀한 것을 다루기 때문에 여성이 경쟁력이 있다. 그리고 후기정보화시대, 즉 나노바이오시대에는 더욱더 작은 물질을 다뤄야 하기에 여성의 섬세함이 필요하다. 더군다나 10년 후 전체 노동력의 90퍼센트 이상이 서비스산업에 종사하게 되면 여성의 감성 서비스가 우세할 수밖에 없다. 결국 이런 이유로 미래에는 여성성이 강화된다. 여성은 지금까지 남성 중심의 사회구조에 억눌려 못하던 것이 많았으나 이제 이 모든 것에서 풀려나면 남성보다 더 큰 동기를 부여받아 모든 분야에서 한동안 남성을 제치고 세상을 이끌어갈 것이다.

교육도 놀랄 만큼 큰 변화를 겪는다. 첨단기술로 지금까지의 산업시대 교육과정이나 교수법이 전혀 필요 없어지는 것이다. 사람들은 사이버, 가상현실, 웹2.0, 집단지성 등을 통해 스스로 공부하는 것은 물론, 시간이 없어 24시간 아무 때나 공부하고, 반평생 공부하고 또 공부해야 하기 때문에 한때의 지식을 측정하는 시험이 사라지고 학점이나 학위도 무용지물이 된다. 따라서 학교 수업이 아닌 경험이 중요하다. 15년 후에 직장을 얻는 사람들은 은퇴할 때까지 39개의 일자리를 옮겨 다니며 프리랜서 혹은 프로젝트에 따른 계약직으로 일하게 될 것이다. 프로젝트에 필요한 지식이나 경험을 쌓는 것이 학교 시험보다 중요해지는 것이다. 사회는 새로운 것과 여러 분야에 조금씩 경험을 가진 멀티플레이어를 원한다.

▲ **위의 그림** 미래에는 태양열에너지 시대가 될 것이다. 태양열은 무공해이면서 무한하기 때문이다. 태양열 발전기는 접시형보다 투과형이 비용면에서 더 효율적이다.

▲ **아래 그림** 'PS10'이라는 이름이 붙은 이 탑 꼴의 태양열발전소는 스페인 세빌리아에 있다. 중앙 탑으로 태양열을 모아들여 발전한다. 이런 형태로는 세계 최초의 상업용 발전소다. 11메가와트를 발전하는데, 태양빛의 각도에 따라 움직이는 624개의 태양반사거울이 쓰인다.

1장

인터넷으로 감정까지 전송한다

여러 명의 파트너와 살아간다 • 고령사회인데 노인은 없다 • 남자가 필요 없다 • 남성평등을 외치는 시위가 일어날지 모른다 • 싱글 맘이 자연스러워진다 • 인터넷으로 오르가슴도 전달된다 • GPS와 전자태그가 사생활을 노출시킨다 • 2022년에는 공중파 방송이 사라진다 • 200년 뒤에는 지구에 한국인이 없다 • 인류는 트랜스휴먼으로 진화하여 외계에서도 살게 된다 • 2030년, 로봇이 사람보다 많아진다 • 주택은 사라지고 나노텐트를 매고 다닌다

HOUSING	STOCK	SCIENCE	HEALTH
WEB	POLITICS	WELLBEING	U.F.O.

20 09	20 10	20 11	20 12
20 13	20 14	20 15	20 16

ENTER

여러 명의
파트너와 살아간다

100년이 넘도록 한 사람하고만 살 수 없다

일부일처제는 살아남지 못한다

우리에게 《미래의 물결》로 잘 알려진 자크 아탈리^{Jacques Attali}는 〈포린 폴리시^{Foreign Policy}〉 2005년 9·10월호에서 일부일처제-夫一妻制의 종말을 예측했다. 사실 200년 전만 해도 우리는 동성애는 말할 것도 없고, 합법적인 이혼도 함부로 이야기하지 못했다. 동성결혼이라면 말할 것도 없었다. 또한 가족해체에 대한 예측은 미래학자들의 독단으로 치부되었다. 그러나 이제 동성결혼을 합법화한 나라가 생긴 것은 물론 점차 늘어나고 있으며 전통적인 가족 형태가 해체된 지도 오래다. 지금까지 사람들은 세계 권력의 재편과 갈등, 새롭게 떠오르는 첨단기술과 관련해 미래를 그려보곤 했지만, 도

▲ 갓 결혼한 커플을 조각한 결혼케이크. 전통적인 결혼케이크 형태와 완전히 달라진 이 케이크처럼 결혼생활도 이미 전통에서 멀리 벗어나 있다. 그것은 여성의 권리가 커지고 인간의 수명이 늘어나면서 바뀌게 되는 거센 미래트렌드. 우리는 곧 한 사람과 여러 사람이 함께 결혼하는 결혼케이크를 보거나 결혼케이크 자체가 사라지는 현실을 맞이하게 될지 모른다.

덕이나 가치관은 바뀌지 않을 것이라고 여겼다. 그러나 선악 개념이나 사회 관념, 미를 바라보는 기준 등은 상상할 수 없을 만큼 크게 바뀌었다.

먼 옛날 서구에서는 노예제도가 관습이었고, 간통을 한 여성에게 주홍글씨를 쓴 옷을 입게 했다. 우리나라에서는 고려장이 있어 노인들을 갖다 버렸고 소박을 맞은 여성을 자살로 유도했으며 남녀칠세부동석이 엄연히 수백 년간 존재하던 시절이 있었다. 특히 일부일처제가 바뀌리라는 것은 생각도 할 수 없었다. 하지만 이제는 그 제도가 편리한 사회협약쯤으로 남았고 앞으로는 사라질 것이라고 한다. 그래서 한 사람이 세 사람쯤, 말하자면 생산파트너, 사랑파트너, 생활파트너를 가지리라는 것이다.

100년이 넘도록 한 사람하고만 사는 것은 불가능한 일이다

인간은 새로운 형태의 사랑 관계를 가지게 될 것이다. 누군가와 사랑하면서 다른 사람과도 사랑에 빠지지 않으리란 보장이 없기 때문이다. 현대사회는 한 여자가(또는 한 남자가) 여러 남자(또는 여러 여자)와 가족을 꾸리는 것을 경제적인 이유로 반대하고 있다. 재산상속이나 복지비용 산출이 어렵기 때문이다.

그러나 인간이 100년 이상 살게 되면 변화가 생길 것으로 보인다. 그 긴 세월을 한 사람하고만 살아야 한다는 것은 억압으로 작용할 소지가 커진 것이다. 그래서 사랑하는 사람, 성생활 파트너, 자녀를 낳아 기르는 파트너와 같이 관계 설정이 다른 여러 명의 파트너를 가질 가능성이 높아진 것이다. 그럴 수 있도록 첨단 기술도 지원한다.

다중 동반자 혁명이 진행 중이다

우리 사회는 이혼, 그리고 재혼을 인정하는 데 100여 년이 걸렸고, 이제는 동시에 여러 명의 삶의 파트너를 인정하는 사회가 되었다. 남녀는 서로 다른 파트너십을 가지고 다양한 사람과 살게 되는데, 사실 인간이기 때문에 한 사람이 동시에 여러 사람을 사랑할 수 있는 것이다. 그러나 '다중 파트너십' 혹은 '다중 동반자'로 사회인식이 변하려면 갈등이 따르기 마련이다. 가장 먼저 교회가 거부할 것이며 특히 여성들이 반대할 것이다. 그러나 개인의 자유가 더욱더 중요한 시대가 왔으며, 사회조차 개인의 자유를 조절할 수 없는 시대이다. 이러한 '다중 동반자' 혁명은 유럽에서 먼저 일어나 미국이 따를 것이며 그 다음은 전 세계에 퍼질 것이다.

이로써 가족의 의미가 완전히 달라지며 가족의 재정운영 방법도 달라진다. 앞으로 아버지가 일터에 나가고 어머니가 가정을 돌보는 모습은 영화에서나 볼 수 있는 풍경이 될지 모른다. 현재의 가족제도가 완전히 변하면, 세대주를 중심으로 한 복지제도는 개인의 맞춤복지제도로 가게 된다. 이 제도가 완벽하게 정착하는 데는 몇 년 또는 몇 십 년이 걸릴 수도 있다. 하지만 이미 '다중 동반자' 관계는 소설, 영화, 음악에서 미래의 가족 형태로 이미 우리에게 다가와 있다.

02

고령사회인데
노인은 없다

⁝ 고령사회가 되지만 노인은 없다?

미래사회는 고령사회다. 그러나 나이 많은 사람들의 사회에 노인은 없다. '노인' 이라는 낱말을 쓸 수 없게 되기 때문이다. 이미 서구에서는 노인이라는 말을 못 쓰게 한다. 대신 '성년^{adult}' 또는 '성인' 이라고 한다. 서구에서는 대부분 1970년대 후반부터 1980년대에 연령차별금지법을 제정했다. 나이 때문에 차별을 받으면 안 된다는 것이다. 예를 들어 구인광고를 할 때 나이를 제한하면 이 법에 저촉된다. 학령^{學齡} 역시 마찬가지다. 나이 때문에 학교에 들어가지 못 하는 일은 금지되었다.

서구에서는 노권운동이 시작되었다. 노권운동을 시작한 세대는

1946년, 즉 2차 세계대전 직후의 베이비붐 세대다. 이들은 지금까지 가장 인구가 많은 세대로서 세상을 바꿔왔다. 가지런히 자른 머리가 싫다며 히피운동을 벌였고, 흑인 투표권 투쟁, 여성운동, 환경운동, 문화운동에도 뛰어들었다. 그러던 이들이 2006년 60세가 되면서 노인권리운동을 시작했다. 대표적인 것이 '노인'이라는 말을 쓰지 말자는 것이다. '노인', 즉 영어로 'aged', 'elderly', 'senior citizen' 대신 '성인adult'이라는 말을 쓰자는 운동이다. 그리고 이들은 노인시설이 아닌 자신이 사는 집에서 생의 마지막을 맞이하자는 '평생 집 운동'도 벌이고 있다.

2030년이 넘으면 몇 살까지 살지도 모른다

미국의 미래학자 레이 커즈웨일 박사는 크로마뇽 시대에 18세였던 평균수명이 고대 이집트 시대에는 25세로 연장되었고 지금 미국인 평균수명 78세를 거쳐, 2030년이 되면 100세가 된다고 내다본다. 그리고 2030년이 넘으면 줄기세포 활용이 보편화하여 장기 교체로 수명이 크게 늘어난다고 본다. 한국인의 평균수명도 증가하고 있다. 지난 1960년에 한국 사람의 평균수명은 52.4세였는데 2000년에는 74.9세가 되어 수명이 무려 22.5년이나 연장되었다. 앞으로 2010년이면 77세로 늘어나며, 2030년에는 평균수명이 79

▶ 스타 트렉 넥스트 제너레이션Star Trek: The Next Generation에 나오는 장 록 피카드 선장. 이미 사이보그인 사람도 많지만, 미래에는 반은 기계로 살면서 영원히 죽지 않을지도 모른다.

세가 되어 인생 80년 시대에 들어갈 전망이다. 이와 같은 평균수명 연장으로 고령인구는 급속하게 늘고 있다.

⦙ 한국이 세계에서 가장 빨리 고령사회가 되고 있다

1960년에 한국의 65세 이상 노인인구는 73만 명(2.9퍼센트)이었는데 이미 2000년에 337만 명(7.1퍼센트)으로 늘어나 고령화사회aging society에 진입했다. 2022년이면 750만 명(14.3퍼센트)이 넘어 고령사회aged society로 들어가게 되며, 2030년 초반에는 노인인구가 1000만 명(19.3퍼센트)을 넘어 초고령사회super-aged society로 들어갈 것으로 본다. 그러다가 2050년에는 총인구의 34.4퍼센트로 세계 최고 고령국가가 될 전망인데, 그것도 합계출산율을 1.4명 정도로 유지할 때 그렇고 지금처럼 출산율이 1.2명 수준에서 머문다면 2050년의 노인인구 비율은 40퍼센트 가까이 될 것으로 보인다.

서구의 경우 고령화사회에서 고령사회로 변하는 기간이 상당히 길었다. 프랑스는 115년, 스웨덴은 82년, 미국은 69년, 영국은 46년, 그리고 일본은 25년이 걸렸다. 이들 나라는 산업발전과 더불어 노인인구가 서서히 증가했기 때문에 노인문제 해결을 위한 자원조달과 서비스 개발을 비교적 오랜 기간에 걸쳐 점진적이고 체계적으로 준비할 수 있었다. 그런데 한국은 2000년에서 2022년까지 겨우 22년 만에 고령화사회에서 고령사회로 변하고, 또 그 절반밖에 안 되는 기간인 11년 뒤, 즉 2033년경에 초고령사회로 접어든다.

1950년대 지구촌 출산율은 6.2명, 1997년 4.3명, 2050년에는 2.1명으로 예상되지만 한국은 0.8명으로 떨어진다는 예측도 있다. 부산은 2006년에 이미 0.81명이라는 세계 최저 출산율을 기록했다. 2026년에는 한국인 1명이 벌어 1명을 부양해야 하고, 5명 가운데 1명이 65세 이상이며, 2050년은 인구의 절반이 55세 이상이 된다고 한다.

연령차별금지법 ADEA, The Age Discrimination in Employment Act

미국의 연령차별금지법은 1964년 연령에 의한 차별 금지를 보완하기 위하여 별도의 입법으로 제정된 법이다. 초기에는 40세 이상 65세 이하의 근로자들이 노동시장에서 나이를 이유로 차별받는 것을 금지하려는 목적에서 제정되었다가, 그 후 1986년 개정 시 상한 연령이 삭제되었다.

고령사회, 초고령사회

65세 이상 인구가 총인구에서 차지하는 비율이 14퍼센트가 넘으면 고령사회(Aged Society)라고 하고, 65세 이상 인구가 총인구에서 차지하는 비율이 20퍼센트를 넘으면 후기고령사회(post-aged society) 혹은 초고령사회라고 한다.

FUTURE NEWS

03

남자가 필요 없다

이미 66억의 정자가 보관되어 있다

⁞ 남자가 왜 필요한가?

2007년 미국 미니아폴리스에서 열린 42차 세계미래회의에서 멀로니 마인즈 연구소 카렌 멀로니 소장은 〈남자가 왜 필요한가?^{What} use are men?: The Future of Gender Roles in Society〉라는 주제로 발제하면서 머지 않아 남존여비가 역전된다고 주장했다. 심지어 10년 이내에 남존여비가 역전되어 코너에 몰린 남성들이 여성을 향해 테러 행위까지 할지 모른다고 예측했다. 그러면서 이제는 "남성을 여성과 평등하게 대하는 정책이 필요한 시점"이라고 말했다. 또한 멀로니 소장은 미래사회에서는 남성의 노동력이 더 이상 필요 없는 세상이 온다고 주장했다.

게다가 현재 65억 인구를 보존할 만큼 많은 냉동정자가 존재하여 더 이상 남자는 물리적으로도 필요가 없다. 놀라운 것은, 사회적으로 남녀의 역할 차이가 모호해지면서 생물학적으로 실제로 남성을 결정짓는 Y 염색체가 쪼그라들고 있다. 이미 여성이 남성의 일을 하고 있을 뿐 아니라, 남성보다 더 잘하는 경우가 많다. 서구사회에서는 양성평등이 이미 이뤄졌으며 냉동정자 수정을 통해 싱글 맘들이 빠른 속도로 증가하고 있다.

▲ 스코틀랜드 군인복장으로 백파이프를 불고 있다. 스코틀랜드 남자들은 아직도 치마를 입는다. 서구에서는 남자가 치마를 입는 것을 받아들이지 못하는데도 이들은 전통적으로 치마를 입는다. 반대로 이제는 여자들도 활동하기 편하다는 점 때문에 모두가 바지를 입는다. 미래에는 치마가 없어지고 덩달아 스타킹도 없어질 것이다.

⬤ 하이브리드의 탄생

인지공학이 발전하면서 남성과 여성의 차이가 확인되고 있다. 과학의 발달은 남성의 장점과 여성의 장점을 다 갖춘 새로운 하이브리드의 탄생까지 예견하고 있다. 미래학자들은 성이 화학약품으로 바뀌는 날이 얼마 남지 않았다고 한다. 그런 상황에서 빚어지는 다양한 문제점이나 결과

▲ 인공 버자이너artificial vagina. 말의 인공수정에
쓰는 모델이다.

를 예상하고 대비할 때가
되었다.

미래사회에서는 남녀의
성이 하이브리드, 즉 혼성
화하고, 유동적이 되며, 변
화한다. 지금까지 다양성이
나 차이점을 강조하던 남녀
성을 통합, 융합하게 되는
것이다. 성에 대한 기본 개
념은 이데올로기, 경제적 ·
정치적 관계에 따라 달라진다. 남녀관계는 계층, 종족, 사회구조를
통해 권력이 재편되면서 재정립된다.

이미 남성과 여성의 전통적인 역할은 그 경계가 모호해지고 있
다. 여성이 남장 차림을 하거나 대부분 바지를 많이 입는 등 유니
섹스로 변한 것은 이미 오래 전 일이고 지금까지 남자 일, 여자 일
로 구분하던 것을 자유롭게 바꿔서 맡는다.

남성평등을 외치는
시위가 일어날지 모른다

서비스산업 중심의 사회에는 여성성이 알맞다

미래전문가협회 웬디 슐츠 회장과 '와이너 브라운' 트렌드분석회사 최고경영자 에디 와이너는 수렵채취시대, 농경시대, 산업시대에는 남성의 근력과 저돌적인 추진력이 필요했지만 지식정보시대에는 남성보다 섬세하고, 복잡한 생각을 부드럽게 정리하는 감성적인 여성들이 앞서갈 것이라고 보았다. 더군다나 선진국 경제가 제조업에서 서비스산업으로 옮겨가면서—미국 인구의 88퍼센트와 한국 인구의 72퍼센트가 서비스산업에 종사한다—서비스산업의 기본정신에 잘 적응하는 여성이 더욱 각광받는다는 것이다. 서비스산업은 고객의 마음을 사야 하므로 섬세하고 감성적인 감동을 주는 여성이 경쟁력이 있다.

❖ 네트워크 시대에 맞는 섬세함과 감성적인 접근

세계미래회의 의장이자 유엔미래포럼 회장인 제롬 글렌이 40년 전에 정리한 내용을 보면, 농경시대에는 식량과 자원을 팔았고, 산업시대에는 기계, 정보화시대에는 정보 서비스, 그리고 후기정보화시대, 즉 의식기술시대Conscious Technology에는 네트워크를 판다고 했다. 네트워크를 정교하게 연결하고 부드럽게 관리하는 데는 여성이 우월하다. 미래사회의 뜨는 직업을 보면 대부분 인간을 관리하는 일이다. 조이스 글로리아와 로저 허먼 등 미래 일자리 연구가가 2006년 〈퓨처리스트Futurist〉지에 발표한 것을 보면, 직종 관리자, 체질체력 관리자, 의료 관리자, 발명 관리자, 우주항공 관리자, 사회혜택 관리자, 발표홍보경험 관리자, 스카이 카(비행기) 기술자, 해저호텔 관리자, 해저호텔 엔지니어, 개인맞춤오락 관리자, 탐험 관리자, 영향력 관리자, 직장OB팀 관리자, 교육경험 디자이너, 트랜스휴먼 디자이너 등이다.

　인간을 관리하는 데는 여성의 섬세함과 감성적인 접근이 먹혀든다. 서비스업에 종사하는 여성은 같은 일을 하는 남성보다 스트레스를 적게 받고 효율적으로 일하기 때문이다. 지구촌의 절반인 여

▲ 2005년 3월 8일 방글라데시 다카에서 전국여성노동조합이 주최한 세계 여성의 날 집회 모습. 하지만 머지않아 남성이 평등을 요구하는 시위를 벌여야 할지 모른다.

성들은 이제 동등한 교육기회를 갖고 부와 영향력을 키우고 있으며 다양한 의사결정에도 영향력을 미친다. 여성의 구매력이 커지면서 자동차산업에서도 여성에게 편리한 자동차 모델을 만들기 시작했으며, 금융업체는 여성용 상품을 출시하고 있다. 각 정부 부처에서 여성들의 목소리가 높아지는 것은 물론 사회 각계각층에서 여성조직이 확대되고 있다.

⁞ 페미니즘이 네트워크 시대와 시너지를 보인다

스웨덴 텔어스 연구소Tellus Institute의 미래학자 웬디 하코트Wendy Harcourt도 미래예측보고서에서 여성의 역할 증가를 예측했다. 미국에서 여성참정권은 1920년에 실현되었다. 여성운동, 즉 페미니즘은 1960년대에 탄생했는데, 이전까지 성 차별을 경험한 여성들이 의식운동을 통해 시민 권리를 찾기 시작한 것이다. 여성들은 최저 결혼연령을 높이는 운동을 벌였고, 강간예방이나 여성보호 장치를 요구했으며, 안전한 피임 도구를 원했다. 또한 더 좋은 의료 서비스, 안전한 식수보급, 토지소유권, 직장에서의 업무평등, 삶의 질 향상을 요구했다.

세계화 시대에 접어들어 여성의 역할은 더욱 주목받고 있다. 유엔 등 국제기구에서 여기에 관심을 기울이고 있고, 여성은 국제 NGO 등 사회단체, 그리고 남성 지도자들과 긴밀히 협력하고 있다. 1995년에 베이징에서 열린 세계여성대회World Conference on Women 에서는 성 차별 금지, 여성성 강화를 지구촌 개발정책에 넣는 등 양성평등에 성과를 거두었다. 여성운동은 앞으로 더 큰 관심을 얻을 것이다. 여성단체의 왕성한 활동은 물론 눈에 띄게 늘어난 여성 정치인, 여성 경제인, 여성 과학인 등을 보면 새로운 변화를 느낄 수 있다. 여성은 의식기술시대의 최대 수혜자가 될 것이다.

미래용어설명

의식기술시대

인간의 의식과 기술이 결합하는 시대를 말한다. 이때
가 되면 인간이 몸에 부착하고 다니는 칩이나 기계장
치가 의식과 직접 연결되고 인공지능로봇도 상용화
된다.

세계여성대회

유엔 차원에서 전 세계 NGO들이 참여하여 여성의 관
심과 경험을 나누는 국제회의. 유엔은 1975년을 '세
계 여성의 해'로 선언하고 같은 해 멕시코에서 '평등,
발전, 평화'를 슬로건으로 내세운 제1차 세계여성대회
를 개최했다. 이후 1980년 코펜하겐, 1985년 나이로
비, 1995년 베이징에서 각각 2~4차 대회가 열렸다.
베이징 대회에서는 성(性)의 영문표기를 섹스(sex) 대
신 젠더(gender)로 해야 한다는 합의가 이루어졌다.

FUTURE NEWS

05

싱글 맘이
자연스러워진다

⁑ 2015년에는 메인스트림이 될 '허수경의 경우'

싱글 맘, 또는 미스 맘이라는 말이 무척 낯설었던 한국에도 지난해 '허수경의 경우'가 당당히 언론을 타면서 익숙해져가고 있다. 허수경은 두 번 이혼한 뒤 2007년 3월에 인공수정에 성공하여 아이를 가졌다. 그러고서 2007년 12월 31일에 여자아이를 자연분만했고 사회적으로 축하와 격려를 받고 있다. 허수경이 인공수정으로 첫아이를 낳은 나이는 마흔이었다. 허수경은 2007년 한 해 동안 싱글 맘으로 아이를 낳아 키우겠다는 것을 세상에 당당히 알리면서, '허수경의 경우'라는 말이 가능하게 되었다. 결혼하지 않은 여자가 아이를 가지는 것이 큰 죄로 여겨지던 때가 그리 오래 전 일이 아닌 것을 생각하면 격세지감을 느낀다. 싱글 맘은 아직도 소수자^{minority} 취급을 받지만 2015년이면 메인스트림이 된다고 한다.

⁝ 미혼모가 자연스러워진다

결혼하지 않은 여자가 아이를 낳는 일은 사회 변화, 가치관 변화와 깊은 관계가 있다. 도시화와 산업화로 생활양식이 변한 것과 더불어 남녀교제의 기회가 증가한데다가 여성의 사회진출과 경제적 독립이 싱글 맘 되기를 부추기고 있다. 또 사회적으로 성공한 여성을 비롯해 냉동정자 수정으로 싱글 맘이 되는 여성이 빠르게 늘어나고 있다.

▲ 모유를 먹고 있는 아기. 결혼하고 아이를 낳는 것이 산업사회의 일상적인 모습이었지만, 이미 여자 혼자 아이를 낳고 키우는 일이 드문 일이 아니다. 인공수정 기술도 더 발달할 것이고, 여자에게 더 적합한 사회로 바뀌면서 여아선호사상이 강하게 나타날지도 모른다.

서구에서는 이미 너무나 많은 싱글 맘이 있어 이제는 싱글 맘 가족이 오히려 핵가족보다 더 자연스러워 보인다. 그리고 젊은 싱글 맘이 흔해져서 아주 일상적인 것처럼 보인다. 그들은 정부의 지원을 받으면서 잘 살아가고 있다. 사회복지정책이 싱글 맘들을 지원하고 있기 때문이다. 싱글 맘들은 푸드 스탬프Food Stamp를 받아 슈퍼마켓에서 쇼핑을 할 수 있고, 직장을 가진 싱글 맘은 세금혜택을 받는다.

1인용 포장시대가 온다

유엔 등 각종 기구에서 실시한 가족구성에 대한 통계를 보면, 1970년대에는 1위(지구촌 인구의 40퍼센트)였던 핵가족, 즉 엄마, 아빠, 자녀의 가족구성이 2000년에는 3위(20퍼센트)로 떨어졌고, 1970년대 3위였던 1인 가구, 즉 독신은 2000년에는 2위, 급기야 2010년에는 1위(지구촌 인구의 35퍼센트)가 된다. 현재 1인 가구가 핵가족보다 많아지면서, 가족용 세제, 비누, 치약 등 생활필수품이 1인용으로 바뀌고 있다. 주택과 금융서비스 또한 1인용으로 바뀌고 있다. 복지제도도 세대주를 둔 가구가 아닌 1인 가구를 중심으로 바뀌고 있다. 호주에서는 이미 20여 년 전에 복지제도를 1인용 맞춤식 온라인 시스템인 '센터링크Centrelink'로 바꾸었다. 한국은 2008년 1월 1일부터 호주제가 폐지되고 개인별 가족관계 등록제도로 바뀌었다. 이제는 어머니의 성과 본을 따를 수도 있다. 이런 변화의 속도는 더욱더 빨라질 것이다.

미래용어설명

푸드 스탬프
저소득층 가구 등에 식료품을 살 수 있는 쿠폰을 발행
해주는 제도.

센터링크
호주에서 대국민 서비스의 효율성을 높이고자 25개
정부기관이 제공하는 140여 가지 서비스를 통합하여
전담하는 기관. 국민은 여러 부처를 찾아다닐 필요 없
이 센터링크만 찾아가면 대부분의 공공서비스를 다
받을 수 있다.

FUTURE NEWS

06

인터넷으로
오르가슴도 전달된다

⁞ 모두 **사이보그**가 되고 **두뇌**가 직접 **인터넷**과 **연결**된다

두뇌공학은 나날이 발전한다. 미래에 로봇이나 기계에게 일자리를 빼앗기게 될지도 모르지만 인간은 자신의 사고 형태를 기계나 로 봇에 접목하려는 연구에 몰두한다. 인간의 감정을 기계에 부여하 거나 이메일로 전송하려는 노력도 일고 있다. 사랑의 감정도 이메 일로 보내는 기술을 구현하려는 것이다. 이것이 바로 두뇌공학, '두뇌 이해하기' 산업이다.

두뇌공학자 아놀드 브라운Arnold Brown은 21세기를 두뇌발전시대 로 보면서 두뇌공학의 발달로 인간의 두뇌는 더욱 성능이 향상될 것이라고 말한다. 심지어 두뇌를 변화시켜 인간의 본질까지 바꾸

◀ 기계문명의 발달은 도대체 얼마나 우리 삶을 바꿔버릴지 알 수가 없다. 사이보그가 등장하는 영화를 보면 그다지 낙관적이지 않다. 그런데 영국 레딩 대학교 인공두뇌학과 교수로 로봇학을 연구하고 있는 이 책의 저자 케빈 워릭은 스스로 사이보그가 되어 인간과 기계의 결합으로 이루어지는 삶이 어떤 것이 될지 온몸으로 보여주고 있다. 저자는 사이보그가 인간이 업그레이드되는 하나의 대안이라고 역설하는데, 기술 진보로만 본다면 설득력 있는 주장이다.

는 시대가 올 수도 있다.

자신과 아내의 몸에 전자칩을 이식해서 인간과 기계의 합체를 몸소 실험한 인공두뇌학 교수 케빈 워릭^{Kevin Warwick}는 《나는 왜 사이보그가 되었는가》라는 책에서 50년 안에 대부분의 인간 두뇌는 세계적인 컴퓨터통신망에 연결될 것이라고 말한다.

미래사회에서는 두뇌지문^{brain fingerprinting}을 통해 사람의 성품을 판별하여 범죄형 인간을 구분할 수도 있고 두뇌영상^{brain imaging}을 읽어 어떤 자극에는 어떤 행동을 보이는지 파악하거나 두뇌의 특정 부분을 자극하여 고통스러운 기억을 잊어버리게 할 수도 있다.

브리티시 텔레콤의 이사이며 미래전략가인 이언 피어슨Ian Pearson 은 비디오 문신video tattoo이라는 신경조직을 칩에 연결하여 감정을 이메일에 담아 보낼 수 있는 기술을 연구하고 있다. 더 나아가 성적 오르가슴도 저장하여 이메일로 보낼 수 있는 시대가 다가오고 있다. 컴퓨터게임에서는 이미 상대방을 감각으로 인식하는 기술이 이용되고 있다. 휴대전화를 앞에 두고 자신이 통화하고 싶은 사람을 생각만 해도 자동으로 전화가 연결되는 것도 가능하다.

인간의 생각을 사이버스페이스라는 가상현실 속의 꿈과 연결하여 두뇌의 일부를 끄면 대낮에도 꿈을 꾸고, 그 꿈에 행복한 기분을 담아두었다가 자신이 원할 때마다 그런 꿈을 불러오는 시대도 머지않았다.

두뇌에도 방화벽을 설치하는 날이 온다

바야흐로 마음까지도 자신이 원하는 대로 '설계' 하는 시대가 오고 있다. 지구에 사는 모든 사람의 마음을 웹에 저장하여 이메일로 보내주고, 한 사람의 생각을 다른 사람에게 연결하여 사랑하거나 공감하는 기술도 개발되고 있다. 두뇌공학은 나노 스페이스에서 방화벽을 만들어 자기 두뇌에 아무도 침입하지 못하도록 막는 기술까지 개발하려고 한다. 이 분야 전문가인 포사이트 그룹foresight group

의 마이클 로저스^{Michael Rogers}는, 윤리 문제는 기술을 완성하고 나서 걱정할 일이라고 말한다. 그러나 분명 두뇌공학에 부작용은 있다. 개인이 자유의지대로 행동하지 않고 모두가 똑같이 생각하고 행동하면 어떻게 되겠는가? 또 두뇌공학이 상용화되었을 때 부자들이 남들이 쉽게 얻을 수 없는 귀한 '정보'를 자녀의 두뇌에 심는다면 어떻게 되겠는가?

07

GPS와 전자태그가
사생활을 노출시킨다

⦂ 안전을 위해 **프라이버시**가 **희생**된다

미래사회에는 프라이버시가 없어진다. 지금도 사람들은 테러방지
와 범죄예방, 신변보호를 위해 프라이버시를 어느 정도 포기하고
있다. 사생활 보호를 위해 감시카메라를 거부하던 사람들도 점차
안전을 위해서는 사생활 노출이 불가피하다는 쪽으로 돌아선다.

오늘날 영국 전역에 420만 개의 감시카메라가 설치되어 있다.
전 세계에서 작동하는 감시카메라의 20퍼센트가 영국에 몰려 있
는 셈이다. 영국은 지난 10년 동안 감시카메라 설치에 무려 90억
원을 쏟아 부었다. 영국인들은 하루 평균 300회나 감시카메라에
노출되어 녹화를 당한다.

◀ 전자태그를 주제로 만들어진 포스터. 전자태그는 무선으로 개체인식이 가능하다. 접촉하지 않으면서 반영구적으로 쓸 수 있고, 위변조가 거의 불가능하다는 장점이 있지만 프라이버시가 완전히 공개된다는 문제점도 심각하다.

이런 감시체계는 한국을 포함해서 전 세계적으로 강화되는 추세다. 얼마 전 미국과 일본 정부는 외국인이 입국할 때 지문 채취를 강제한 바 있다.

조지 오웰George Orwell이 경고한 '1984년'보다 조금 늦게 왔지만 우리는 '빅브라더Big Brother', 즉 감시체계가 24시간 돌아가는 시대에 살고 있다. 도시에서 사람들이 일반적으로 사용하는 교통카드는 승하차 기록이 단말기에 그대로 남아 이동경로를 알려주고 휴대전화는 위치추적까지 가능하다. 이제 그야말로 사람들의 일거수일투족이 고스란히 드러나는 사회가 된 것이다. 게다가 이런 정보는 전산화되어 데이터베이스로 축적된다.

⁞ 생체정보에서 전자칩 이식까지

또한 국민건강보험을 통해 사실상 의료산업은 국가의 관리를 받고 있으며, 개인의 건강 기록은 고스란히 전산자료로 모아진다. 게다가 얼마 지나지 않아 전자태그^{RFID}가 실용화되어 모든 상품에 전자칩을 심어놓는 시대가 오면 편의점에서 어떤 물품을 구매했는지까지 다 알 수 있어 개인의 식습관과 질병 등 온갖 개인정보가 언제든 유출될 수 있는 위험을 안게 된다.

여기서 더 나아가 영국 같은 나라는 2010년에 개인의 인적사항과 생체정보가 담긴 신분증 제도를 도입하려 한다. 영국 정부는 이런 생체정보를 통해 테러용의자를 사전에 관리할 수 있다며 이 제도 도입을 밀어붙이고 있다.

▲ **홍채검사를 통한 신원 확인** 바그다드 시 위원회를 열기에 앞서 지방 부족의 지도자들을 안구검사를 통해 신분확인하고 있다. 사진은 검사하는 미군과 세이크 공동체 지도자 한 사람이다.

이처럼 과학기술의 발달과 국민의 안전을 지킨다는 명분 아래 감시체계는 갈수록 강화되고 개인의 프라이버시가 뒷전으로 밀려나면서 이를 둘러싼 찬반 논쟁도 치열하게 벌어지고 있다. 특히 신원확인용 전자태그나 두뇌

칩 주입이 불러올 사생활과 자유의 침해는 심각한 부작용을 낳을 수 있다. 또 기업에서 사람들의 유전자 정보를 미리 파악하여 보험 가입을 거부하거나 직원 채용에 반영하는 부작용이 따를 수 있다. 이는 첨단과학기술의 발전이 오히려 개인의 자유를 옭아매는 함정이 될 수 있다는 점을 잘 말해주는 사례다.

빅브라더

빅브라더는 조지 오웰의 소설 《1984년》에 나오는 감시자이다. 절대 권력으로 표현되는 빅브라더는 시민의 모든 행동을 감시한다. 또 텔레스크린이나 도청장치를 이용해 대중에게 이데올로기를 강요한다.

전자태그 Radio Frequency Identification

전자태그는 생산에서 판매에 이르는 모든 과정의 정보를 초소형칩(IC칩)에 내장시켜 이를 무선주파수로 추적할 수 있도록 한 기술로서, '전자태그' 혹은 '스마트 태그', '전자 라벨', '무선식별' 등으로 불린다. 전자태그는 지금까지 유통 분야에서 일반적으로 물품관리를 위해 사용된 바코드를 대체할 차세대 인식기술로 꼽힌다.

FUTURE NEWS

2022년에는
공중파 방송이 사라진다

08

⦂ "너 어디야?"라고 묻는 말이 사라진다

사람들이 전화로 가장 많이 묻는 말이 "너 어디야?"라고 한다. 그러나 2~3년 후에는 그렇게 묻지 않아도 자동으로 위치를 알려주는 기술이 보편화된다. 가장 가까이 있는 식당이나 영화관을 알려주거나, 보고 싶었던 영화가 개봉하면 일정에 맞춰 표를 예매해주는 서비스도 나온다. 사람들은 어디서 언제 만나자는 말만 하고 약속 장소로 출발한다. 가면서 휴대전화로 상대의 위치를 추적하여 만나면 된다. 지금까지 약속장소를 정하고 그 위치를 서로 알려주는 데 적어도 10분이 걸렸다면 이제는 그 10분마저 아낄 수 있는 시대가 된 것이다. 이미 2005년부터 온라인 지도가 판매되

▲ 스티브만의 '입을 수 있는 컴퓨터' 그림. 땅속 깊은 곳(과 같은 꽤)을 탐사할 때 1980년대까지만 해도 그것을 보기 위해서는 등에 지고, 머리에도 거추장스럽게 달아야 했다. 그것이 점점 작아져서 1990년대 말에는 보통 안경과 같이 작고 편해졌다. 맨 오른쪽 사람이 쓰고 있는 안경은 보통 안경처럼 보이지만 왼쪽 사람들이 온몸에 걸치고 있는 장비보다 더 성능이 뛰어나다.

는 등 지도나 위치를 알려주는 서비스가 점차 각광받고 있다. 노키아는 최근 스마트투고smart2go 서비스를 선보였다. 내비게이션은 유료이지만 지도는 무료로 제공해 이용자를 확보하고 있는데 이미 극장, 식당, 행사장 등 방문객이 많은 1500만 개의 장소를 알려준다. 또한 넓은 행사장에서 친구를 쉽게 찾는 서비스도 곧 출시할 예정이다.

가게, 식당, 서비스업체, 관광지, 행사장 등은 지도에 사업장의 위치를 반드시 입력시켜 검색이 가능해야 살아남는다. 위치를 알려주는 서비스는 온라인과 휴대전화가 서로 경쟁하고 있다. 위치검색 서비스사업은 아직 우리 일상에 보편화되지 않았지만, 다양한 새 기술과 서비스를 선보이면서 2~3년 안에 엄청난 시장이 생길 전망이다. 그러나 이 사업도 과도기적인 것일 뿐 또 다른 기술이 나와 새로운 서비스를 제공할 날도 멀지 않았다.

미래예측산업이 11조 원 시장으로 커진다

사람들은 자신이 원하는 글과 정보를 찾는 데 더욱 성급해진다. 지금까지 이 분야를 주도한 기업은 구글과 야후였지만 앞으로는 미디어Medio, 포인포4INFO가 선두주자가 될 수도 있다. 하지만 광고시장이 멀티미디어로 분산되면서 이 검색엔진사업 또한 추락할 가능성이 있다. 광고시장은 네트워크 제공자들에게 주 수입원인데, 네트워크는 필요한 정보를 빨리 그리고 적시에 제공하는 것이 중요하다. 그래서 2011년까지 검색엔진으로 정보를 찾아주고 예측하는 사업, 즉 미래예측산업은 110억 달러, 약 11조 원 시장으로 커진다.

급변하는 미디어 환경, 2022년이면 방송도 사라진다

1844년에 전보가 나와서 우편물을 대체했다. 전보는 1876년에 등장한 전화에게 자리를 내주었다. 그 후 인간의 의사소통은 1896년에 라디오, 1939년에 텔레비전이 나오면서 엄청난 속도로 바뀌었

▲ 2기가바이트GB짜리 아이팟ipod이
다. 이름은 나노nano! 이런 매체가 널
리 쓰이고 어디서나 인터넷에 접속할
수 있게 됨으로써 팟캐스팅podcasting
도 가능해졌다. 팟캐스팅은 2004년에
시작되었다.

다. 1935년에 나온 팩스는 스캐너의
등장으로 이제 곧 사라질 전망이다.
이어서 1965년 이메일, 1973년 무선
전화, 1985년 인터넷, 1989년 웹web
이 나타나 세계화를 급진전시켰다.
그리고 1990년에 나온 검색엔진은
교육을 완전히 송두리째 바꾸려고 한
다. 교사와 교수에게 배우기보다 웹
에서 검색하는 학생이 더 많아졌다.

2002년 아이팟ipod의 등장에 이어
2004년 팟캐스트podcast가 나오는 등
기술이 급성장하면서 드디어 2022년
이면 방송도 사라진다. 또한 완벽한
음성인식기기가 나오는 2018년에는 읽는 뉴스가 사라지고 움직이
면서 듣는 뉴스가 주도한다고 한다. 그러면서 한편으로 사람들은
개인주의에 반대하는 역트렌드를 일으켜 미래의 도서관, 식당 등
사람들이 모이는 장소는 모두 문화센터로 변한다고 한다. 문화가
없으면 사람들이 모여들지 않는다는 것이다.

미래용어설명

포인포
미국의 주요 단문 메시지(SMS) 서비스 및 휴대전화 검색엔진.

아이팟
애플이 생산하는 MP3 플레이어.

팟캐스트
포터블 미디어 플레이어 사용자에게 오디오 혹은 비디오 파일 형태로 뉴스나 드라마, 각종 콘텐츠를 제공한다.

FUTURE NEWS

09

200년 뒤에는
지구에 한국인이 없다

: 2017년에 인류의 종말이 온다?

미래사회에서는 더 많은 사람들이 정신질환을 앓게 되며, 항우울
제 처방으로 의욕을 잃고 사랑도 귀찮아져서 성욕마저 줄어들 것
이라고 한다. 여러 가지 환경오염에 무정자증까지 겹쳐 임신율도
떨어질 것이다.

   미래연구소^{The Futures Lab} 데릭 우드게이트^{Derek Woodgate} 사장은 영화
〈인간의 자식^{children of men}〉을 예로 들면서 2017년의 사회는 강한 파
괴력을 가진 불치병, 핵전쟁, 대규모 인구이동, 불임, 파시즘, 무정
부 상태가 닥치리라고 한다. 그 이유는 사회질서가 무너지기 때문
이며, 이로써 말로만 듣던 인간의 종말이 올 수도 있다고 경고한

▲ 〈인간의 자식children of men〉 한 장면. '휴먼 프로젝트 라이브즈The Human Project LIVES'라는 글이 벽에 씌어 있다. 이는 '인간성 회복'이라는 이 영화의 주제를 보여준다.

다. 〈인간의 자식〉은 핵물질과 환경오염 등으로 모든 인간은 불임이 되고 18세 된 '가장 젊은 인간'이 죽으면서 이야기가 이어진다. 그런 와중에 한 흑인 여자가 임신을 하게 되자 살아남은 각 종족이 그녀를 납치하려 한다. 아무도 임신할 수 없는 상황이 오면 어떤 일이 벌어질 것인가를 다룬 미래영화다.

사회적인 이유도 크게 한몫한다. 극초음속비행기가 세계를 두 시간대로 이어주는 2020년이 되면 노동이주, 교육이주, 행복이주로 가족구성이 더욱 힘들어지고, 1인 가구가 늘어나면서 출산율은 더욱 더 떨어진다. 유엔미래포럼에서는 현재 65억 인구가 2050년에는 91억, 2100년 60억, 2150년 36억이 되리라고 예측한다.

⦂ 저출산율 이대로라면 한국 사람이 맨 먼저 사라진다

옥스퍼드 인구문제연구소 데이비드 콜만 박사는 한국이 지구촌에서 저출산 고령화로 사라지는 첫 번째 나라가 될 것이라고 전망하며 '코리아 신드롬'이라는 말을 만들었다. 한국은 저출산 세계 1위 (부산 0.81명, 2006), 청소년 자살률 세계 1위, 이혼율 세계 1위, 초고령화 속도 세계 1위를 차지하고 있다.

한국의 출산율을 1.10명으로 넣고 시뮬레이션 해보았을 때 인구 감소세는 2015년부터 나타나기 시작한다. 그러다가 저출산 현상 속에서 태어난 아이들이 부모가 되는 2040년부터는 급격히 줄어든다. 2005년에는 4800만이던 것이 2050년에는 3400만, 2100년 1000만, 2150년 290만, 2200년 80만, 2250년 20만, 2300년 6만, 2305년에는 한국 사람이 사라진다! 그러나 여기에는 상황을 더 나쁘게 만들 수 있는 두 가지 변수가 빠져 있다. 이에 따르면 2년 뒤 한국 출산율은 0.6명이 될지 모른다. 첫째, 한국여성개발원 조사를 보면, 아이를 꼭 낳겠다는 가임여성이 2003년 56퍼센트(출산율 1.19명)에서 2005년에는 23.4퍼센트, 즉 절반으로 급락했다. 둘째, 세계 유일의 해외 조기유학 급상승세로 초·중·고등학생 절반 이상이 해외연수로 나가고 있고, 대학생의 95퍼센트가 유학을 희망하며 25퍼센트는 실제로 유학 갈 준비를 하고 있다. 한국교육개발원은 지난 6년 간 초·중·고등학생의 해외유학이 10배, 초등학생 해외유학은 30배 증가했다고 발표했다. 출산율 0.6명을 넣어 시뮬레이션을 해보면 한국의 수명은 겨우 200여 년 남았다.

● 백인도 사라진다

유엔미래포럼 연구 결과를 보면 세계 인구 가운데서 백인 인구가 1900년대에는 50퍼센트, 2005년에는 20퍼센트, 2050년에는 겨우 2퍼센트밖에 되지 않을 것이라고 한다. 그런데 2020년 중국 인구는 19억, 인도는 17억, 아프리카는 16억이 되고 아시아 인구는 56억이 된다고 한다. 바야흐로 백인은 사라지고 아시아 인구가 많아진다. 2050년이 되면 미국사회는 멕시칸 남미인들이 주도하고, 유럽사회는 아랍인과 아프리카인들이 이끈다고 한다. 모두 출산율 때문이다.

10

인류는
트랜스휴먼으로 진화하여
외계에서도 살게 된다

⁑ 트랜스휴먼은 인류 진화의 첫 단계일 뿐이다

우리는 항상 우리가 진화의 마지막 단계이며, 가장 효율적이며 최첨단이고 무한한 능력을 가진 종으로 믿기 쉽다. 우리보다 더 발달한 두뇌와 더 아름다운 모습과 더 멋진 성능을 가진 우리의 후손들이 나타나리라 생각하지 못한다. 트랜스휴먼은 첨단과학의 발전으로 인간의 한계를 뛰어넘은 인간이다. 트랜스휴먼부터 인간은 호모 사피엔스의 역사와는 완전히 다른 시기로 접어든다. 인공지능, 로봇, 생명공학, 인간복제, 냉동보존, 나노테크, 대체에너지, 마음 업로딩, 식이요법, 디자이너 베이비, 사이보그, 분자화학, 인체통신, 우주탐험, 가상현실, 수명 연장, 불멸 등의 기술이

▲ 오스트레일리아의 조각가 패트리샤 피치니니의 작품 〈영 패밀리The Young Family〉(2002~2003)의 한 부분이다. 사람과 짐승의 하이브리드를 그려낸 것으로 무척 도발적이다. 이미 2006년에 영국에서 동물의 난자에 사람의 DNA를 집어넣어 줄기세포를 만드는 연구가 시작되었다. 미래에 어떤 하이브리드가 나타날지 알 수가 없다.

◀ 미국 FOX사의 연속드라마였던 〈다크엔젤Dark Angel〉은 미래사회에서 비밀병기로서 하이브리드가 등장한다. 고양이의 유전자를 가진 맥스 게바라(제시카 알바)는 완벽한 투사였다. 드라마 속에서는 괴물처럼 생긴 트랜스제닉유전자가 이식된 생명체도 등장하지만 맥스는 아주 작은 약점을 가진, 아름답고 완벽한 유전자를 가진 생명체로 그려진다.

패트리샤 피치니니의 작품과 제임스 카메룬의 〈다크엔젤〉을 그림으로만 보면 트랜스제닉 등 미래전망에 대한 입장 차이가 분명해 보인다. 명작으로 평가받는 미래영화들이 상당 부분 실현되어왔다는 것을 생각하면 간단한 문제는 아니다.

상당한 신체적, 정신적 인간 진화를 이끈다. 그러다 마침내 '싱귤레리티singularity', 즉 모든 것이 하나로 연결되는 단순통합의 시대로 간다.

⁞ 하나가 아닌 여러 종의
트랜스휴먼들이 지구촌과 외계에 산다

핀란드의 엔지니어이자 세계미래학회 회장인 펜티 말라스카는 1997년에 미래 인간 진화를 예측했다. 그는 인간이 만든 '비인간의 세대'가 진화라는 이름으로 다가오고 있다고 주장하면서 두 개의 종을 제시했다. 하나는 탄소시대에서 나온 휴미즈humies 인간이고 또 다른 하나는 실리콘으로 된 지식정보화기술에서 나온 하이테키high techies이다. 또 두 종의 인간에서 가지가 뻗어 나온 페르소나 사피엔스 등 4개의 비주류도 있다. 이러한 포스트휴먼posthuman의 시대에 인간은 다른 모습, 즉 호모 사피엔스에서 바이오그로 바뀐다.

호주의 경제학자이자 세계미래학회 회원인 폴 와일드먼Paul Wildman도 미래에는 두 종류의 인류Forms Of Life가 산다고 예측했다. 여기서 와일드먼은 '보그'를 언급하는데 이는 '인간이 만든 생체공학적 생명체'라는 뜻으로 앞으로 지구촌 생명체는 네 종류의 보그로 나뉜다고 설명했다. 이미 현재 미국 인구의 12퍼센트가 사이보그이다. 전자심장 박동기, 인공조인트, 각종 임플란트, 인슐린, 인공렌즈, 인공피부 등 약제를 제공하는 칩이나 의료기기를 몸에 지니고 다니는 사람들을 말한다. 이것이 유전적, 기술적 변화를 거쳐 성능이 향상된 칩을 꽂는 시기가 되면 인구의 절반 이상이 사이보그가 된다. 이들을 더욱 세분화하면 바이오그, 사이보그, 실로그, 심보그symborg로 나뉜다.

⁛ 미래로 가는 길, 인간은 진화하며
3000년 후에도 존재한다

유엔미래포럼 제롬 글렌 회장과 미래전략가 테드 고든은 3000년 후 인간의 모습을 〈유엔미래보고서 2000〉에서 밝혔는데 요약하자면, 인간은 3000년 후에도 존재하지만 로봇왕국이 도래해서 종말을 맞이할 수 있다는 것이다. 인간이 수명을 다하면 새로운 형태의 지혜로운 생명체가 우주를 다스린다는 이야기다.

미래학자들은 로봇이나 인공지능이 곧 현실이 되기 때문에 여기에 적응하도록 준비해야 한다고 말한다. 그들은 우리가 머지않아 포스트휴먼으로 변할 것이며 나아가 지구를 하나의 인종이 아닌 여러 모습을 한 최고급 지능과 감성을 지닌 인간 군상에게 물려줄 수밖에 없다고 주장한다.

미래용어설명

마음 업로딩
생물학적 뇌에서 컴퓨터로 지성이 전환되는 과정.

싱귤래리티
세계적인 석학 레이 커즈웨일(Ray Kuzweil)이 《특이점이 온다(Singularity is Near)》(2005)라는 책에서 제시한 개념. 사회경제적으로 '너머를 알 수 없는 커다란 단속적 변화가 이뤄지는 지점'이란 의미로 쓰인다. 정보기술의 힘이 기하급수적으로 증가하고 컴퓨터가 인간 지능을 능가하며, 인간만이 지능을 독점하던 섯에서 벗어나 새로운 형태의 인공생명체 및 인공지능이 생겨나 마침내는 인격체인 인간을 대체하는 일이 모두 싱귤래리티의 특징이다.

포스트휴먼
지금 기준으로는 도저히 '인간'이라고 말하기 어려울 정도로 현재 인간의 능력을 월등히 뛰어넘은 새로운 인간형. 이런 존재를 '포스트휴먼', 즉 '후기인간'이라고 말하는 것은 인간에서 출발하여 인간을 뛰어넘은 존재이기 때문이며, 그렇기에 '비인간'과는 구별해야 한다. 이렇게 인간 능력 확대 과정의 결과물인 포스트휴먼은 인간 유기체의 새로운 설계, 진보된 나노기술, 유전공학과 노화방지 치료법, 기억력 강화, 입을 수 있는 컴퓨터 등 다양한 기술의 조합을 바탕으로 한다.

FUTURE NEWS

심보그
공생(symbios)와 유기체(organism)의 합성어. 인간과 동물, 신체와 기계, 가상과 현실의 평등한 공생관계 위에서 살아가는 유기체를 말한다.

FUTURE NEWS

2030년,
로봇이 사람보다 많아진다

⁞ 놀라운 속도로 성장하는 로봇 산업

브리티시 텔레콤 미래예측팀은 2030년에 로봇이 사람보다 더 많
아질 것이라고 예측했다. 그런 발표가 나온 뒤 세계는 로봇 관련
법률, 로봇 윤리헌장을 만들고 있다. 미국 조지워싱턴 대학교 빌
할랄 교수에 따르면, 앞으로 가사도우미 로봇이 가장 많이 늘 것이
고, 친구 로봇, 도둑 방지 로봇 등이 나오며, 2020년까지 지구촌
가정의 30퍼센트가 로봇을 보유하게 되리라고 한다. 이미 소니,
혼다, 도요타의 로봇은 60킬로바이트의 어휘력, 음성인식 기능을
보유하며, 30개의 모터 조인트로 걷고 달리고 계단을 오른다. 인
간의 얼굴이나 주변 환경을 인식하며, 학습기능을 갖춘 로봇도 있

다. MIT가 개발한 '키즈멧Kismet'은 인간과 감정을 나눌 수 있으며, 언어구사 능력, 의식을 갖춘 진화된 인공지능을 갖춰 말동무, 도우미, 하인 역할까지 할 수 있다. MIT의 로드니 브룩스Rodney Brooks는, 지금의 로봇은 마치 1975년도에 사람들에게 첫 선을 보인 개인용 컴퓨터와 같은 단계일 뿐이며, 개인용 컴퓨터가 엄청나게 빨리 진화했듯이 로봇도 그러하리라고 한다. 지구가 지금처럼 오염된다면 인체의 절반을 로봇으로 바꾸지 않으면 생존이 불가능

▲ 영화 〈메트로폴리스〉 포스터. 이 영화를 통해 로봇이라는 개념이 보통사람들에게 본격적으로 알려졌다.

할지도 모른다. 장수하는 사람은 몸의 상당 부분을 기계로 임플란트 해야 한다. 인간의 평균수명이 2030년에는 100살이 넘을 것으로 예측되는데 이때는 사람들이 지금 안경을 쓰듯이 이빨, 무릎 등 신체 일부분을 로봇으로 대체할 것으로 보인다.

로봇이란 낱말은 1920년 체코의 극작가 카렐 차페크의 희곡 〈로봇〉에서 탄생했다. 체코 어로 '로보타'는 강제노동을 하는 기계라는 뜻으로 이 말에서 로봇이 나왔다. 로봇이라는 개념이 본격적으로 알려지게 된 것은 1927년 〈메트로폴리스〉라는 영화를 통해서다. 그 이후 구소련의 공상과학자 아이작 아시모프는 공상과학소설을 쓰면서 로봇에 관한 법률을 정했다. 아시모프는 자신의 공상과학소설에서 로봇은 인간에게 복종해야 한다고 주장했는데, 옥스

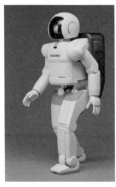

▲ 위 사진은 2035년을 배경으로 한 영화, 〈아이 로봇I, Robot〉의 한 장면이다. 형사 역을 맡은 윌 스미스가 마치 사람과 같은 감정을 가진 로봇을 찾고 있다. 이 영화에 나오는 로봇은 옆에 있는 아시모라는 이름을 가진 로봇과 비교하면 무척이나 진화한 모습이다.

◀ 아시모는 혼다에서 만든 것으로 현재 46개가 있다고 한다. 하나를 만드는 데는 100만 달러쯤, 빌려 쓰려면 한 해에 16만 6000달러를 내야 한다. 〈아이 로봇〉의 로봇과 비교하면 이 기술은 아직 걸음마 단계처럼 여겨지지만, 과학기술의 발달은 너무나 빨라 우리가 생각하는 것보다 훨씬 더 빨리 〈아이 로봇〉의 시대가 올지 모른다.

퍼드 영어사전은 아시모프의 1941년 단편소설 〈거짓말쟁이〉에서 로봇의 법칙이 만들어졌다고 규정하고 있다.

실제로 그가 1942년에 발표한 단편소설 〈루나라운드〉에는 로봇 공학법칙 세 가지가 적혀 있다. 첫째, 로봇은 인간을 해치지 말아야 하고, 둘째, 인간의 명령에 복종해야 하며, 셋째, 앞의 두 가지

법칙과 상충되지 않는 한 로봇은 스스로를 보호해야 한다. 로봇은 무척 비싼 물건이기 때문에 스스로 파괴하지 못하게 한 것이다.

아시모프는 럭키스타Lucky Starr 시리즈 공상과학소설에서도 로봇의 법칙을 밝혔다. 1950년대에 이미 로봇의 법칙을 발표한 이유는, 로봇의 숫자가 많아지고 2029년이 되어 인간보다 더 똑똑해지면, 로봇들의 집단이기주의로 인간이 로봇에 관한 법칙을 만들려해도 집단반발로 만들 수 없게 된다고 보았기 때문이다.

아시모프는 '제로스 법'도 만들었는데, 이는 로봇이 근본적으로는 인간을 해치지 못하지만, 특정 인간을 해치는 것이 인류에게 해택이 될 경우도 있다고 가정한 법이다.

1990년대에 들어와 로저 맥브라이드 알렌Roger MacBride Allen이 아시모프의 우주세계에 이은 3부작 소설을 썼는데, 여기서 그는 새로운 로봇의 법칙을 밝혔다. 로봇 법칙 두 번째 '로봇은 인간에 복종한다'를 '협력한다'로 바꾸었고 '아시모프의 3가지 법칙에 반하지 않는다면 로봇은 원하는 무엇이든 할 수 있다'는 네 번째 법칙을 새로 만들어 로봇을 해방시키려는 인간의 노력을 보였다. 1989년에 '친구재단'의 해리 해리슨은 로봇 제 4의 법칙을 썼는데, '로봇은 앞의 3가지 법칙에 위배되지 않는다면 무에서 유를 창조하듯 자신이 부모라고 생각하고 새끼 로봇을 출산해야 한다'고 정했다.

로봇의 법칙은 앞으로 더욱 복잡해질 것이다. 니콜라 커자로브스키Nikola Kesarovski는 어느 단편소설에서 사람을 죽인 로봇을 그리고 있다. 이 로봇은 사람의 모습을 한 로봇인데, 상대편 사람을 너무 사랑한 나머지 꼭 껴안아서 죽음에 이르게 한 것이다. 이런 경우는 판단이 쉽지가 않다. 특히 정부나 군대가 로봇의 법칙에 민감하다. 지금까지 나온 견해로, 로봇은 정부공무원을 결코 해칠 수 없으며 극도의 정확한 판단으로 외부침입자를 막아야 한다. 또한 로봇은 정부 관리인과 주인의 명령에 복종해야 하며 자신의 몸을 해치지 말아야 한다. 치명적인 대인살상무기 앞에서도 자신의 몸을 보호해야 하는데 로봇이 엄청나게 비싼 물건이기 때문이다.

그러나 최근 미래학자 한스 모라벡Hans Moravec은 로봇과 인간이 '협력하는 지성체corporate intelligences'로서 상생해야 한다는 원칙을 강조했고, 아시모프의 단순한 로봇 법칙은 세월이 지나면서 자연소멸되고 로봇 법칙은 인간의 법처럼 복잡해진다고 예측했다.

한국 정부도 로봇윤리헌장을 제정했다. 산업자원부는 로봇산업이 지향해야 할 로봇기술과 윤리적 문제, 로봇제조자의 윤리, 로봇의 개조와 파괴 등과 관련된 사용자의 윤리를 담은 로봇윤리헌장을 제정·공포했다. 앞으로 저출산 고령화 등 사회구조가 변하고 다양한 지능형 서비스로봇이 출현하는 등 인간과 로봇의 동반자적 관계가 필요하기 때문이다.

키즈멧

MIT 인공지능연구소에서 개발한 로봇으로, 사람의 감정을 가장 잘 읽고 반응하는 로봇으로 알려져 있다. 상대방의 얼굴 표정뿐만 아니라 시선과 동작, 말을 분석하여 사회적인 상호작용을 할 수 있다.

FUTURE NEWS

12 주택은 사라지고
나노텐트를 매고 다닌다

⁚ 인구의 급격한 감소로 주택 문제가 해결된다

유엔미래포럼은 인구예측 통계에서, 한국의 출산율이 1.10명으로
지속되고 다른 변수가 없다고 가정할 경우 2305년경에 지구에서
한국인이 사라진다고 내다봤다. 한국의 출산율을 1.10명으로 넣고
시뮬레이션해보면, 인구 자연감소가 2015년부터 나타나며, 2040
년에는 인구예측 포물선이 급격히 떨어진다. 그리하여 2005년
4800만, 2050년 3400만, 2070년 현재 인구의 절반, 2100년 1000
만, 2150년 290만, 2200년 80만, 2250년 20만, 2300년 6만 명이
된다. 여기에는 사실을 더욱 나쁘게 만들 두 가지 변수가 있다. 가
임여성의 수가 급격히 줄고 해외 조기유학은 빠른 속도로 증가하

당신의 성공을 위한 **미래뉴스**

고 있다는 것이다.

⠿ 도심 인구가 사라져 대도시 공동화가 빚어진다

원시시대에는 평균수명이 18세여서 나뭇잎으로 집을 지어도 충분히 살 수 있었다. 농경시대에는 흙집을 지어 평균 25세까지는 충분히 살 수 있었다. 그러다가 농경시대 후반에 주택이라는 개념이 생겨났다. 평균수명이 35세로 늘어나서 20~30년을 살 수 있는 나무나 돌로 된 집을 짓게 된 것이다. 이것이 지금까지 주택의 전통으로 남아 있다.

　미래사회의 평균수명은 2030년에 100세가 된다. 인간은 어차피 100년을 한 집에서 살기 싫어하고 또 100년간 수리하지 않고 살 수도 없어서 소유하고 머무는 주택보다 접속하고 이동하는 것을 선호하는 시대로 간다고 한다. 일본 인구가 2010년부터 자연감소할 것이라는 예측을 깨고 2005년부터 3만 명 감소했듯이 한국 인구의 자연감소도 예측했던 2018년이 아닌 2012년부터 올 수 있다. 그렇게 되면 한국도 세계의 다른 대도시처럼 대도시 공동화空洞化를 걱정해야 한다.

　정부는 부동산 문제의 대안을 국민에게 제시할 때 반드시 인구 감소에 대한 의견을 강조해야 한다. 또 첨단기술, 교통통신의 발달로 재택근무가 늘어 도심 인구는 지역으로 재배치되며, 이동이 자유로워지면서 사람들이 집을 소유하지 않고 세를 얻어 살려는 경향이 강해진다. 주택은 세금폭탄으로 거추장스러운 소유물로 전락한다. 이미 이동성 강화로 지구촌 사람들은 세계 곳곳을 자기 나라처럼 돌아다니고 있으며 유럽에서는 새로운 집시문화가 엿보이고 있다. 유럽의 집시들은 방학으로 비어 있는 학교건물에 수백 명씩 몰려와 머물다 떠나곤 한다.

콘크리트 건물이 사라지고 나노텐트를 친다

영국의 아키그램Archigram이란 건설회사는 10년 후에 대형 콘크리트 건물이 서서히 사라지며, 100년 이상 인간이 살 수 있는 공간을 건설하기 힘들어 아예 빌딩이 없는 사회로 간다고 내다보고 여기에 대비하고 있다. 하와이 대학교 건축학과는 미래주택의 트렌드를 연구하여, '제2의 피부2nd Skin'라 불리는 미래주택을 제시했다. 이는 사실상 콘크리트 빌딩이 아닌 백팩backpack이다. 미래사회는 곳곳에 전기나 수도가 설치된 캠핑장 천지가 되어 사람들은 이곳저곳에서 아주 튼튼하면서 냉난방이 가능한 나노텐트를 친다는 주장이다. 프로슈머Prosumer가 되어 제품을 스스로 만들고 소비하듯이, 집도 자신이 원하는 곳으로 이동하여 텐트를 치는 것이다. 주택 수

▲ 최근에 건설된 베이징의 상업지구 건물들. 중국은 이제 막 산업화의 길로 들어서고 있어서 큰 건물과 같은 하드웨어가 필요할지 모르지만 선진국에서는 벌써부터 대도시 공동화가 일어나고 있으며 그에 따른 고민이 시작되었다. 전자기술과 인터넷의 발달로 사람들은 전자유목민화되고 있는 마당에 커다란 건물들이 미래에는 어떤 역할을 하게 될지 짐작하기 어렵다.

유럽은 벌써 100년 전부터 도시공동화가 시작되었고, 한국도 2010년쯤이면 도시공동화가 시작되리라고 한다. 부동산과열대책이 아니라 도시공동화대책을 마련해야 할 때이다.

요가 줄면 인구과밀국가로 건설산업이 이동하여 국가 성장동력 역할을 할 수 있다.

프로슈머

생산소비자라고도 한다. 영어의 생산자(producer), 전
문가(professional)에 소비자(consumer)가 결합되어 만들
어진 신조어다. 생산자와 소비자가 결합된 경우는 소
비자이지만 제품 생산에 기여한다는 의미이며, 전문
가와 소비자가 결합된 경우는 비전문가이지만 다른
전문가의 분야에 기여한다는 의미이다. 프로슈머의
개념은 1972년 마샬 맥루한과 베링턴 네비트가 《현대
를 이해한다(Take Today)》에서 "전기 기술의 발달로 소
비자가 생산자가 될 수 있다."는 말로 처음 등장했으
나, 프로슈머라는 낱말은 1980년 앨빈 토플러가 《제3
의 물결》에서 최초로 사용했다.

FUTURE NEWS

2장

첨단기술이
변화시킬
산업과 직업

미래 첨단기술이 등장할 시간표 •
나노공학이 여는 새로운 미래 모
습 • 바이오디젤이나 에탄올과 같
은 대체에너지를 쓰게 된다 • 무한
한 무공해 태양에너지 시대가 함
께 열린다 • 미래에 뜨는 산업과
지는 산업 • 딱 10년 뒤의 인기 직
업 • 평생직업, 평생직장은 사라진
다 • 첨단과학기술이 경찰을 대신
한다 • 우주정거장에서는 장애인
이 더 자유롭다 • 파트타임이 많아
지고 노조가 사라진다 • 연예산업
의 3가지 E 트렌드 • 인터넷 인공
지능이 세상을 바꾼다

HOUSING	STOCK	SCIENCE	HEALTH
WEB	POLITICS	WELLBEING	U.F.O

20 09	20 10	20 11	20 12
20 13	20 14	20 15	20 16

ENTER

미래 첨단기술이
등장할 시간표

● 생명공학과 나노공학이 획기적인 변화를 가져온다

지금 한창 연구하고 있는 첨단기술들이 상용화되면 인간의 삶이 혁명적으로 바뀔 것이다. 최근까지 기술 발달의 선두주자는 컴퓨터와 정보통신기술이었다. 그러나 미래에는 생명공학과 나노공학의 발전이 인류의 삶에 획기적인 변화를 가져오게 된다.

몇 년 안에 생명공학은 인간수명 연장을 이루고 만성질병이나 신체장애 극복을 가능하게 해준다. 나노공학은 각종 제품과 서비스에 엄청난 혁명을 가져와 다음 50년 동안 삶의 질을 높이는 데 이바지할 것이다.

전자태그^{RFID} 기술은 사무실 출입카드나 열쇠 등에 사용되기 시작했는데, 전문가들은 몇 년 안에 60억 달러짜리 산업이 될 것으로 전망한다. 이 기술은 편의점이나 백화점의 물품창고 관리에 아주 긴요하며, 방위산업·제조업·소매업에도 반드시 필요하다. 그렇기에 필립스, 마이크로소프트, 오라클, UPS 같은 기업들이 전자태그 연구와 개발에 대규모 투자를 하고 있다.

⁞ 2020년에 상용화될 16가지 첨단기술

다양한 예측 자료를 바탕으로 2020년에 널리 상용화될 첨단기술 16가지를 골라보면 다음과 같다. 모두 국가의 성장 동력으로 삼을 만한 기술들이다.

바로 저렴한 태양열에너지, 지구촌 무선통신, 인터넷의 접속평등, 유전자변형곡물, 신속한 생물검정Bioassay, 식음수 필터, 목표세포 약물 전달 기술, 저렴한 독립주택Autonomous Housing, 녹색 제조Green Manufacturing, 전자태그RFID, 하이브리드 차, 스며드는 센서Pervasive Sensor, 세포 제조 엔지니어링, 의료검진 개선, 옷처럼 입고 다니는 컴퓨터, 양자 암호 작성Quantum Cryptography 등이다. 미국 조지워싱턴 대학의 윌리엄 할랄William E. Halal 교수는 미래 첨단기술의 발전 추이를 지켜보면서 주요 기술의 상용화 시기를 다음과 같이 정교하게 예측한다.

▲ 최초로 개인여행을 위해 만들어진 우주선인 스페이스쉽원SpaceShipOne. 이 우주선은 카르만라인 너머 날 수 있도록 설계되었다. 카르만라인은 지구표면에서 100킬로미터 고도에 있다. 대개 이 선을 기준으로 지구 환경과 외계로 나눈다.

⦂ 미래 **첨단기술** 시간표

우선 에너지와 환경 분야에서 정밀농업은 2013년, 대체에너지와 유전자변형식품은 2020년, 담수화 기술은 2021년, 연료전지는 2022년에 실현이 가능하다. IT산업에서는 바이오메트릭스biometrics 가 2010년, 광컴퓨터optical computer는 2014년, 가상현실은 2016년,

양자컴퓨터와 생각하는 컴퓨터는 2021년, 바이오컴퓨터^{biocomputer}는 2022년에 등장한다. 로봇 분야에서는 스마트센서가 2011년, 조립주택이 2015년, 나노기술이 2018년, 마이크로기계가 2019년, 인공장기가 2020년, 스마트로봇^{Smart mobile robot}이 2022년에 나온다고 한다. 의료와 생명공학, 유전자 산업에서는 원거리진료가 2014년, 개인 맞춤치료가 2018년, 전자치료는 2023년, 장기증식은 2027년, 수명 연장은 2036년에 가능해진다. 우주항공 분야에서는 우주관광이 2014년, 인간의 화성 방문은 2028년, 그 밖의 행성 관광은 2069년에 가능하다. 교통산업에서는 연료전지자동차가 2013년, 운전자 없는 자동차는 2014년, 자동고속도로가 2024년, 소형비행기는 2027년, 초음속비행기 2028년, 자기부상열차는 2033년에 상용화가 가능하다.

미래용어설명

생물검정
생물에 생물활성화합물을 투여하고 그 반응을 관찰하여 물질을 검정하는 일이다. 생물정량법 · 생물학적 분석이라고도 한다. 비타민이나 호르몬과 같은, 극히 소량으로 생물의 발육이나 기능의 발현에 효력이 있는 물질은, 화학적 또는 물리적인 수단보다 직접적인 생물학적 효과에서 정하는 것이 편리할 때가 많으므로 생물검정을 실시하게 된다.

양자암호
양자역학의 원리를 응용한 암호방식으로 하이젠베르크의 불확정성원리를 응용한 암호화 방식이다. 즉, 양자의 중첩상태에 있는 양자를 외부에서 한번이라도 관측을 하면 0과 1의 양쪽 값을 동시에 취하고 있던 상태가 0이나 1, 어느 한쪽으로 결정되어버리는 성질을 이용한 것이다.

정밀농업
인공위성에서 논밭의 사진을 찍어 농작물이 자라는 상황을 수시로 점검하여 필요한 농작업을 결정한다. 농업 전문가 수준의 지능을 가진 컴퓨터가 양질의 농산물을 최대로 수확할 수 있는 방법을 분석한다.

FUTURE NEWS

바이오매트릭스

사람의 신체적, 행동적 특징을 자동화된 장치로 추출하고 분석하여 정확하게 개인의 신원을 확인하는 기술. 넓은 뜻으로는 생물 데이터를 측정, 분석하는 기술을 의미하나 정보 기술에서는 지문, 눈의 망막 및 홍채, 음성, 얼굴 표정, 손 측정 등 인증 목적으로 사람의 신체 특성을 측정, 분석하는 기술을 말한다.

광컴퓨터

컴퓨터의 연산회로에 빛의 특성을 접목한 광집적회로(optical IC)를 이용한 컴퓨터를 말한다. 전기통신 회선보다 많은 중복통신이 가능하다.

바이오컴퓨터

인간의 뇌에서 이루어지는 인식 · 학습 · 기억 · 추리 · 판단 등 고도의 정보처리 시스템을 모방하여 만든 컴퓨터이다.

스마트로봇

아주 예민하고 복잡한 인공지능을 가진 로봇이 가정이나 직장에서 상당분의 일을 대행해 줄 것이며 2010년경에는 인공지능 로봇이 현재보다 더 복잡하고 위험한 공장일이나 장애자의 일을 대신해 줄 수 있을 것으로 전망된다.

FUTURE NEWS

나노공학이 여는
새로운 미래 모습

10년 뒤면 나노혁명이 일어난다

미래산업의 핵심 분야는 생명공학과 더불어 나노공학Nano-Technology
이 꼽힌다. 나노공학이란 10억 분의 1 수준의 극소한 물질 단위를
다루는 과학기술을 말한다. 이는 사람 머리카락 굵기의 10만 분의
1로, 원자 3~4개의 크기에 해당한다. 나노공학은 마이크로 수준
을 훨씬 뛰어넘어 분자나 원자 수준의 물질을 이해하여 소비 에너
지 최소화나 DNA 연구 등 여러 과학 분야에서 활용할 수 있다.

선진국들은 이미 1990년대부터 나노공학을 국가적 연구과제로
삼아 막대한 예산을 투자하고 있고 2015~2020년쯤에는 첫 번째
나노혁명이 일어날 것으로 예측된다. 나노공학이야말로 모든 기술

◀ 풀러렌을 휠로 쓰는 나노자동차의 스페이스–필링 모델의 그림이다. 풀러렌이란 축구공 모양의 탄소 분자구조를 말한다. 스몰리 박사는 이를 발견하여 1996년에 노벨화학상을 받았다.

개발의 정점이다.

이미 나온 기술에 나노기술을 적용하면 반도체는 더욱 작아져 박테리아 크기까지 줄어들 수 있다. 여기에 열과 냉기를 견딜 수 있는 강도와 유연도를 함께 증가시키는 신기술 개발도 가능하다. 이미 우리 실생활에서도 가전제품 등에 나노기술이 활용되고 있는데, 앞으로 신소재와 신물질 개발을 통해 전자 · 재료 · 의약품 · 에너지 · 의류섬유 · 화장품 · 자동차 등 거의 모든 기술 분야에서 혁명적인 변화를 가져오게 된다. 가령 항균, 살균, 전자파 차단 효과를 지닌 소재나 에너지 소비를 획기적으로 줄이고 내구성을 강화한 소재 개발에 나노기술이 활용되며 생명공학과 결합해 질병 진단과 치료에도 폭넓게 쓰일 것이다.

나노공학과 생명공학이 융합된 나노바이오공학Nanobiotechnology은 지금까지 단편적인 시각에서 이해하고 관찰해온 생명현상을 총체적인 관점에서 해석할 수 있는 새로운 수단을 제공하여 이를 공학적으로 응용할 수 있게 해준다. 새로운 기능의 생체분자, 바이오센서biosensor, 약물 전달과 치료용 소자, 재료, 입자 등 그 응용 분야는 다양하다. 앞으로 10년 사이에 질병 진단과 치료 기술을 포함해서 인류의 건강을 증진시키기 위한 새로운 나노기계 등 다양한 기술 발전이 이루어질 것이다.

⦂ 나노기술로 만드는 물과 식품

나노기술은 물과 식품에도 활용된다. 나노기술을 통해 깨끗하게 걸러낸 나노물nanowater은 위생 문제를 해결하여 안전한 식수 공급을 이루어낸다. 유엔개발계획 보고서가 밝힌 대로 전 세계에 물 부족으로 고통 받는 인구가 10억 명에 달하는 상황에서 나노물은 식수 문제를 해결할 주요한 대안으로 떠오른다. 나노필터 등으로 물의 염분을 제거하고 해독한 나노물은 머지않아 모든 정수기를 대체할 것이다.

경작과 가공 절차 없이 식품을 제조하는 일도 나노기술로 가능해진다. 이런 나노식품은 음식 생산비용을 줄여 식량 부족 등 식품산업의 다양한 문제를 해결할 수 있다. 또한 영양도 개선하여 건강에 좋고 안전한 음식을 안정적으로 공급해준다. 2006년부터 이미 시작된 나노식품은 2010년이면 전 세계 200개가 넘는 회사에서 생산이 이루어진다. 한편 질병 진단용 나노로봇과 나노캡슐도 곧 등장할 예정이다.

하지만 원자력과 마찬가지로 나노기술도 잘못 활용하면 인류에게 재앙이 될 위험이 있다. 나노공학으로 만들어지는 극소한 미립자는 공기에 섞여 인간의 몸속에 들어와 갖가지 새로운 병을 가져올 수 있다. 최근에 유엔미래포럼에서는 나노공학의 군사적 활용에 관한 연구를 했는데, 나노기술을 이용해 인체에 유해한 미립자를 살포하여 대량살상을 일으킬 수 있다고 경고했다.

미래용어설명

바이오센서

생물이 가지고 있는 기능을 이용하여 물질의 성질 등을 조사하는 기계를 말한다. 변이원(變異原)에 민감한 고초균을 사용하여 돌연변이 변성물질이나 발암성 물질을 검정한다. 종래의 검정법은 세균의 사멸, 생육상황을 눈으로 보고 판정하기 때문에 적어도 하루가 소요되었다. 그러나 이 방법은 세균의 생육상황에 따라 소비되는 산소량으로써 전기적(電氣的)으로 검사하기 때문에 한 시간이면 판정할 수 있는 장점이 있다.

FUTURE NEWS

바이오디젤이나
에탄올과 같은 대체에너지를
쓰게 된다

⁞ 기후문제를 일으키는 화석연료가 사라진다

세계적으로 지구온난화와 기후변화에 따른 피해가 속속 나타나고 있다. 특히 한국은 다른 나라에 비해 온난화가 빠른 속도로 진행하고 있다. 높은 인구밀도와 도시화   와 비교해 연평균 기온이   도 올랐다   온도 상승폭인 0.74도   두 배나 된다

지구온난화의 주원인은 환경오염   화석연료를 대체할 에너지 개발이   중심도시 디트로이트는 석유와 옥수수로 만든 에탄올, 천연가스와 석유에서 추출한 메탄올을 원료로 쓰는 자동차를 2008년에 상용

▲ 코펜하겐 앞바다에 있는 덴마크 풍력발전기들의 모습. 바람은 장애물만 없다면 힘차게 또는 부드럽게 불어온다. 커다랗고 천천히 돌아가는 풍력발전기들은 이 지역에서 부는 바람에 영향을 주지 않는다. 바람이 무척 세지는 않지만 끊임없이 불기 때문에 거의 대부분의 바람을 꾸준히 발전해낼 수 있다. 풍력을 우리가 쓸 수 있는 에너지로 만들어내는 훌륭한 예이다.

화한다. 미국이 처음으로 중동석유에서 에너지를 독립한다고 선언하는 것이다. 알코올 연료 자동차는 공기오염이 없고 효율성도 높다. 알코올 연료는 곧 가정에서도 사용하게 될 것이다.

▮ ▯아메리카의 표국은 2010년대에 에너지독립을 선언할 것이다

2019년이 되면 미국은 중동의 석유에서 완전히 독립할 것으로 보인다. 태양열과 풍력, 지열 등 대체에너지 이용, 석탄 활용, 첨단기술 개발, 쓰레기와 농작물 등을 활용한 가스와 경유 개발 등으로 미국의 비싸게 사서쓰던 에너지 부담에 비는 것이 2015년쯤이나. 북미사유부역협정^{NAFTA}에 조인한 캐나다와 멕시코 등이 여기에 동참하겠다고 선언했다. 2010년에는 중국도 바이오디젤, 에탄올 에너지 등 대체에너지 개발기술로 에너지독립을 선언할 예정이다.

미국은 중동석유 운송로 보호를 위해 연간 49조 원을 쓰고 있고, 이 비용은 배럴당 1.17달러가 드는 셈이다. 중동석유 매입으로 미국경제는 천문학적인 손실을 입고 있다. 82만 8400개의 일자리를 창출하지 못하고, 연간 국민총생산의 160조 원이 낭비되며, 연방 주정부 예산의 13조 원을 손해 본다. 연간 경제손실비용은 305조 원에 달한다.

1973년부터 지난 30년간 오일쇼크 손실액은 2000조 원이다. 또한 세계무역센터 테러는 미군의 사우디아라비아 주둔이 원인인데, 세계무역센터 빌딩 200조 원을 실국 미국가에 낭비 셈이 되었니. 유태인 미래학사 비스크가 〈퓨처리스트〉지(2007년 1 2월호)에 발표한 내용에 따르면 미국이 유지회 부짓새비 1조 선거건신 치르지 않고 그 전쟁비용을 대체에너지 개발에 투자했으면 현재 국제유가가 배럴당 10달러에 머물렀을 것이다.

● 화석연료에 쏟아 부었던 돈이 다른 곳으로 움직인다

중동은 2006년 세계 석유의 35퍼센트를 공급했지만 2010년에는 10퍼센트 미만으로 떨어질 전망이다. 나이지리아와 베네수엘라가 석유수출국기구OPEC에서 탈퇴하며, 첨단 나노바이오기술이 개발되어, 환경 친화적인 산업이 떠오른다. 캐나다와 베네수엘라의 모래석유Oil sand에서 추출한 석유가 사우디아라비아의 석유 생산량을 곧 넘어선다. 모래석유는 채취 후에 가열해서 석유성분만 뽑아내야 한다. 그래서 에너지가 많이 들고 환경을 오염시키는 문제도 있다. 그러나 유가가 오르면 모래석유를 사용해야 한다.

미국은 지금까지 중동석유 수입에 썼던 국가예산을 2009년부터 서구 민주주의 발전에 투입한다. 우선 2009년부터 사우디아라비아 석유 수입을 중단한다. 미국은 2012년에 중동을 제외하고 캐나다, 러시아, 베네수엘라에 이어 세계 4번째 석유생산국이 되어 더 이상 테러집단 최대 재정지원국가라는 오명을 씻게 된다. 2012년이 되면 중동석유 공급국 사우디, 이란, 이라크, 쿠웨이트의 총 수출액이 하루에 600만 배럴로 감소한다. 석유 수출이 사실상 중단된 이란은 2009년 경제몰락으로 내전과 폭동이 발생해 결국 터키처럼 민주주의 정부가 들어설 것이다. 곧 아랍국가의 석유 매장량은 150년 전의 5분의 1로 줄어 2030년에 오일피크Oil peak에 이른다. 다시 말해 그때부터 석유 생산량이 줄어드는 것이다.

미래용어설명

에탄올
술의 주성분으로 쓰이는 알코올계 화합물. 브라질 등
지에서 대량생산되는 사탕수수를 원료로 한 식물성에
탄올이 최근 자동차 대체연료로 주목받고 있다.

메탄올
가장 간단한 알코올계 유기화합물로, 옥탄가가 높아
완전 연소되므로 자동차 휘발유의 주요 대체연료로
쓰인다.

바이오디젤
식물성 기름과 알코올을 에스테르 교환 반응으로 합
성한 연료로서 일반 경유와 물리·화학적 특성이 거
의 같으며, 일명 식물성 디젤이라고도 불린다.

모래석유
원유를 함유한 모래와 암석. 열수 처리 등의 방법으로
원유를 추출하여 정제하면 원유를 대신하여 사용할
수 있다.

오일피크
원유 생산량이 최대치에 다다르는 지점. 이후로는 생
산량이 급감하여 원윳값이 급등할 가능성이 제기되고
있다.

FUTURE NEWS

무한한 무공해 태양에너지
시대가 함께 열린다

⁚ 대체에너지 해결이 인류 최대의 과제

에너지는 인류 문명 발달의 원천이다. 오늘날 전자 · 정보화 시대
가 활짝 열리고 자동차, 에어컨, 인공위성 등이 인간의 경제 · 문화
활동을 든든하게 받쳐주고 있는데, 이처럼 윤택한 생활과 눈부신
사회발전을 가능하게 해준 것이 바로 에너지다. 이 사실은 과거와
현재에 그랬듯이 미래에도 달라지지 않는다.

하지만 과도한 화석연료 사용으로 기후변화가 일어나는 등 대체
에너지 문제는 인류의 최대 과제가 되었다. 현재 전 세계 에너지
수요를 주도하는 나라는 중국과 인도를 비롯해 경제가 빠르게 성
장하는 개발도상국들이며, 이들 국가에서 쓰는 에너지양은 더욱

빠르게 증가할 것이다. 이와 관련하여 에너지 문제를 해결하려면 결국 원자력밖에 대안이 없다는 전문가도 많다.

⦂ 태양에너지는 무한하다

하지만 우리에게는 무한정한 에너지의 보고인 태양이 있다. 태양은 지구와 달리 거대한 기체덩어리다. 태양을 이루는 기체의 4분

▲ 포르투갈의 세르파 가까이에 있는 11메가와트 태양열 발전소. 선진국에서는 이미 무척이나 빠르게 태양열발전소를 짓고 있다.

의 3은 수소이며, 그 다음 비중을 차지하는 것이 헬륨이다. 그 밖에 미량의 나트륨, 마그네슘, 철 등도 기체 상태로 존재한다. 이 태양에서 우주공간으로 방출되는 에너지는 실로 엄청난 양이다. 그리고 그 가운데 20억분의 1정도가 지구로 온다.

게다가 태양에너지는 무공해 자원이다. 태양에너지는 깨끗하고 안전하며, 우리가 호흡하는 공기나 마시는 물을 오염시키지도 않고, 인류의 건강과 생명을 위협하는 사고의 위험도 없으며, 폐기물 처리 문제를 일으키는 독성 폐기물도 남기지 않는다. 태양에너지는 어디에서나 이용할 수 있다. 태양에너지는 석유나 석탄처럼 특정 지역에 집중되어 있지 않다. 지역적으로 얼마간 차이는 있지만, 어느 지역에서도 이용할 수 있는 에너지가 태양에너지다.

❂ 두 가지를 극복하면 태양에너지는 일반화될 수 있다

그러나 태양에너지 이용에는 두 가지 단점이 있다. 첫 번째는 태양에너지의 밀도가 낮다는 점이다. 태양에너지는 지구 전체에 얇게 퍼져 있어서 한 장소에 떨어지는 양이 매우 적다. 따라서 태양에너지를 이용하려면 넓은 면적을 확보해야 하고, 빛과 열을 모아들이는 특수한 집광·집열 장치가 필요하다. 또 태양에너지의 변환 효율을 높여야 한다.

▲ 2001년에 발사된 국제우주정거장. 이런 기구에서 태양열발전을 쓴 지는 꽤 오래되었다.

두 번째는 태양에너지가 날씨와 시간에 따라 이용에 제약을 받는다는 점이다. 흐린 날이나 야간에는 태양에너지를 이용할 수 없다. 그래서 이 문제를 해결하여 태양에너지를 효율적으로 이용하려면 경제적이고 신뢰성이 높은 저장 시스템을 개발해야 한다.

결국 태양에너지 이용은 집열 저장 기술에 달려 있고 이 부분은 지속적으로 연구개발이 이루어질 것이다. 앞으로 석유 생산량이 줄어들면서 수소에너지 개발과 풍력 · 조력 발전 등 다양한 대체에너지 산업이 부각될 테고 한동안은 다시금 원자력 발전이 각광받을 수 있지만, 결국에는 태양에너지가 미래의 가장 중요한 에너지 산업으로 떠오를 전망이다. 지금도 태양전지나 태양광발전소가 활용되고 있고 태양열 인공위성도 가동하고 있지만, 지나치게 높은 비용 문제가 여전히 걸림돌로 남아 있다. 하지만 앞으로 반도체 산업이 발전하면서 태양열 집전 패널을 대량으로 싸게 공급할 날이 머지않았다. 이런 기술 개발을 통해 2020년이면 저렴한 태양열에너지가 상용화될 것으로 예측된다.

05

미래에 뜨는 산업과
지는 산업

⦂ 미래예측산업이 뜬다

지금 세상은 하루가 다르게 바뀌고 있다. 변화의 속도가 빨라지면서 미래예측의 중요성도 커졌다. 서구에서는 1970년대부터 이미 국가 차원에서 미래예측연구소를 운영했다. 기업도 앞을 다투어 미래연구소를 세웠다. 미래예측은 앞날을 내다보고 미리 계획을 세우기 위해서도 중요하지만, 그 자체로도 비즈니스가 된다. 기업들은 장차 국내총생산의 10퍼센트를 미래예측산업이 차지할 것으로 본다.

미래예측은 대개 국가의 성장 동력, 인구변화, 환경, 에너지, 빈부격차, 첨단과학기술의 변화를 미리 내다보면서 신산업과 신기술

▲ 조직배양기 속에서 세포를 성장시킨 장미. 생명공학이 새로운 산업을 만들어내고, 그래서 우리의 삶과 환경이 얼마나 바뀔 것인지를 보여준다.

을 한발 먼저 발견하여 미래 시장을 선점하려는 전략이다.

⁝ 미래에 가장 **각광**받을 **산업**은?

지난 2005년에 세계미래회의에서 발간하는 잡지 〈퓨처리스트 Futurist〉는 미래에 뜨는 산업을 정리했는데, 1위가 생명공학, 나노공학, 정보공학, 인지공학, 그리고 환경산업이었다. 앞으로는 이들 산업만으로 지구촌 절반이 먹고살 것이라는 보고도 있다. 2위로 꼽힌 산업 분야는 에너지, 즉 풍력·조력·원자력·태양열 산업이고, 3위는 GPS, 감시공학(지금도 이미 영국 런던에는 5명당 하나 꼴로 감시카메라가 설치되어 있다고 한다), 두뇌공학 등이며, 4위는 노인 의료산업, 5위는 인력공급업, 6위는 사이버 네트워크 산업이 꼽혔다. 그 다음으로는 신사회과학의 부상을 들었는데, 이는 사회구성원의 절반이 인간, 절반이 기계인 사회가 도래하면서 그 구성원들의 욕구와 구매 패턴, 사고 패턴을 연구하는 분야다.

한편 이미 서비스 산업 시대로 들어선 미국에서는 서비스업 종사자가 88퍼센트에 이르며, 2010년을 넘어서면 대부분의 사람이 서비스업에 종사할 것으로 전망된다. 결국 선진국은 서비스산업 위주로 돌아가고, 아프리카 같은 저개발지역은 제조업을 떠맡게 되리라는 것이다.

⁑ 한국에서는 철강산업이 가장 먼저 사라진다

이제 선진국으로 진입해가는 우리나라를 봐도 제조업은 이미 상당 부분 중국으로 빠져나갔다. 유엔미래포럼 전문가의 예측에 의하면, 앞으로 5년 뒤부터는 제조업 대부분이 중국, 인도, 아프리카,

남미 등으로 빠져나가 결국 사라지고 마지막까지 남는 것은 건설과 금융이다.

한국에서 가장 먼저 경쟁력을 잃을 것으로 보이는 분야는 철강과 조선이며, 그 다음이 기계, 유통, 식품, IT산업이다. 반면에 상대적으로 오래갈 산업 분야는 통신서비스, 자동차, 건설, 금융이 꼽힌다.

미래용어설명

정보공학

소프트웨어 공학의 기술발전에 힘입어 등장한 정보시스템 개발방법론. 기업의 핵심부문이 요구하는 정보시스템의 계획·분석·설계·구축에 필요한 정형화된 방법으로 정보시스템 개발주기를 이용해 대형 프로젝트를 진행시키는 체계적인 방법론을 말한다.

인지공학

심리학·언어학·철학 등 수많은 분야와 관련이 있지만 특히 인간의 지적 기능을 기계로 구현하는 것을 목적으로 하는 인공지능 연구와도 깊은 관계가 있다. 한편, 컴퓨터와 인간의 마음을 하나의 이론으로 연결해 '앎'의 문제를 탐구하는 학문을 인지과학(cognition science)이라 한다.

FUTURE NEWS

06

딱 10년 뒤의
인기 직업

⚇ 앞으로 **먹고** 살려면 무엇을 **배워야** 할까?

지금 자라는 아이들이 가장 궁금해 하는 것은 미래사회의 모습이다. 미래에는 어떤 학과가 인기가 있고 어떤 직종을 가지면 한평생 먹고살 수 있을까? 어느 날 아무런 예고 없이 자신의 일자리가 다른 나라로 넘어가버리거나 6~7년 동안 돈과 시간을 들여가며 교육받은 직종이 이 세상에서 없어진다면 어떤 기분일까?

이제 앞으로 어떤 공부를 하면 그 직종에서 한동안 안전하게 일자리를 얻을 수 있는지 생각해야 할 때다. 경제학자이자 문명비평가인 제레미 리프킨^{Jeremy Rifkin}은 1996년에 쓴 《노동의 종말》에서 20년 뒤에는 현재 노동력의 5퍼센트만 필요한 세상이 온다고 했

▲ 인도의 방갈로Bangalore에 있는 인포시스Infosys사의 본부. 아시아의 큰 IT컨설팅업체가 인도에 많이 있다. 인포시스사는 7만 5000명의 컨설턴트를 둔, 아시아에서 업계 최대 회사 가운데 하나다.

다. 즉 현재 직장을 가진 사람 95퍼센트가 일자리를 잃는다는 이야기다. 일자리를 잃은 사람들의 정체성 혼돈은 상상을 초월할 것이다.

그렇지만 인간은 늘 일거리를 찾게 마련이고 많은 사람이 가상현실이나 전혀 새로운 환경, 즉 남극과 북극, 적도, 우주, 해저 등에서까지 새로운 일자리를 찾을 것이다. 지금처럼 빠르게 변해가는 세상에서는 인간의 삶이 어떻게 바뀌어갈지 알고 있어야만 변화에 적응할 수 있다. 앞으로 어떤 직종이 사라지고 어떤 직종이 새로 생길지를 아는 사람만이 미래를 준비할 수 있다. 세계미래학회가 2005년에 발표한 10년 뒤에 뜨는 미래직업군을 보면 다음과 같다.

　1위 : 의생명공학 전문가, 약사, 의사, 간호사

　2위 : 에너지, 특히 태양에너지 산업 분야

　3위 : 노인 의료, 헬스케어 사업

　4위 : 개인 인력 매니저

　5위 : 가상현실 네트워커

⦂ 사람을 상대로 하는 직업이 뜬다

미래사회에 뜨는 직업으로는 서비스 관련 직종이 가장 많다. 특히 사람을 상대로 하는 직업이 많아진다. 예를 들면 다목적 관리자, 고령인구 관리자, 은퇴 컨설턴트, 의료보건 관리자, 환경보존 관리자, 신앙 관리자, 인력개발 평생교육 코디네이터 등이다. 조이스 글로리아와 로저 허먼 같은 미래 일자리 전문가들은 지구촌 직종 관리자, 개인 맞춤오락 관리자, 영향력 관리자, 교육경험 디자이너, 트랜스휴먼 디자이너 등을 미래에 각광받을 직업으로 꼽는다.

그 밖에도 많은 미래학자들은 인공지능 기술자, 자동차 연료전지 기술자, 바이오 의료기사, 컴퓨터 언어학자, 컴퓨터 마이크로프로세서 기술자, 이메일 기술자, 광섬유 기술자, 정보 브로커, 정보센터 매니저, 화상의료 기술자, 로봇 기술자, 우주공학자, 해저 건축가, 수자원 품질 관리사, 이미지 컨설턴트, 직종 개발자, 휴가 컨설턴트, 이사·이주 컨설턴트, 은퇴 컨설턴트, 수줍음 치료 컨설턴트, 해저 거주 컨설턴트를 주목한다.

출산율 지하로 미래에는 청년 노농력이 감소하면서 여성, 노인, 장애인이 경제활동 인구로 들어오게 된다. 따라서 그 빈자리에 다시 새로운 일자리가 만들어진다. 즉 여성이 대거 사회 노동력으로 유입되면 육아와 가사를 대신할 가사 도우미, 숙제 도우미, 부모 대행업이 뜬다. 고령인구의 유입은 그들이 더 젊고 건강하게 일하도록 도와줄 의료보건, 건강관리, 미용과 성형, 건강보조식품, 평생교육, 직업훈련 관련 직종에서 많은 수요가 생긴다는 뜻이다. 또 장애인이 노동력으로 유입되면 자연히 장애보조기기 산업이나 의료산업, 각종 장애인 도우미 서비스가 발달하게 된다.

07

평생직업,
평생직장은 사라진다

⁝ 일자리만 가지고 있어도 부러움을 산다

앞으로 일자리는 점점 사라진다. 미래사회에서는 지금처럼 돈을
많이 버는 사람이 아니라 여전히 일자리가 있는 사람이 성공한 사
람으로 대접받게 된다. 일자리만 있어도 사람들의 부러움을 사게
되는 날이 온다는 것이다.

미국 정부는 현존하는 직종의 80퍼센트가 10년 안에 사라진다고
발표했고, 호주 정부는 10년 뒤에는 한 사람이 평생 30~40개의 직
장을 돌아다니게 되고, 대부분 프리랜서로 잠깐씩 일한 뒤에 다른
직장을 찾는다고 한다. 지금도 이미 평생직장 개념이 흔들리고 있지
만, 2025~2030년쯤 되면 평생직종, 평생직장은 완전히 사라진다.

⁝ 완전고용이 아니라 완전실업의 미래가 온다

〈퓨처리스트〉 2004년 9월호에 따르면 2025년쯤 줄기세포가 보편화된다고 예측한다. 그렇게 되면 줄기세포를 이용한 최고 육질의 쇠고기, 최고 품질 섬유소에 비타민이 가미된 채소를 대량생산하게 된다. 이렇게 먹을거리가 해결되면 가뜩이나 자동화, 기계화로 일거리가 줄어드는 인류는 '완전고용'이 아닌 '완전실업'의 길로 접어든다. 사람들은 배급을 받으며 하루 종일 놀고먹을 수 있게 된다.

▲ 한국에 있는 아파트가 일본의 아파트보다 넓어서 재택근무가 쉽다는 보고서가 나온 적이 있다. 미래에도 이처럼 종이가 사라지지 않을지는 모르지만 사무실이 아니라 집에서 이런 공간을 가지고 일할 날이 머지 않았다. 먼 거리를 출퇴근하지 않으면 자동차를 덜 쓰게 되고 인구집중으로 생기는 환경피해를 많이 줄일 수 있을 것이다.

⁞ 아시아의 **노동력**이 **아프리카**로 간다

자동화, 기계화로 로봇 등이 노동력을 대체하고 나면 특별히 똑똑한 사람이 아닌 한 일자리를 찾을 수 없게 된다. 아시아의 막대한 노동력은 점차 아프리카로 넘어간다. 2020년쯤 아프리카 인구는 16억 명에 달한다. 일자리를 잃은 사람들은 삶의 의미마저 잃게 되어 자살율도 급증한다. 전문가 그룹, 게임족, 가상현실족, 원시족, 환경족, 그린피스족, NGO 그룹이 일자리를 찾아 길거리를 헤맨다. 더군다나 원자 분자를 조립해서 자동 생산하는 나노 어셈블러(조립기)가 나오면 제조업은 나노기술로 완전히 대체될 것이니 그런 현상은 가속화될 것이다.

할 일이 없어진 사람들은 취업을 위해 교육받는 것이 아니라 취미나 흥밋거리를 찾아서 또는 보람과 성취를 위해 무언가를 배운다. 사람들이 한곳에 모이는 경우도 일 때문이 아니라 스포츠나 놀이를 함께 하기 위해서다. 늘 새로운 일을 꾸미고 도전하고 행동하고 모든 일에 흥미를 갖는 사람이 성공한다.

08

첨단과학기술이
경찰을 대신한다

⋮ 첨단기기가 경찰을 대신한다

지역사회를 잘 감시하고 돌아보아 범죄로부터 주민을 보호하는 일은 경찰의 몫이다. 하지만 미래에는 인간의 손길이 닿는 모든 곳에 칩이 저장되어 경찰 대신 칩, 즉 기계가 현장의 법 질서를 지키게 된다.

가령 자동차사고가 나면 차에 내장된 칩이 영상을 찍어 보내고 사고 경위를 알려주는 음성시스템에서는 잘잘못을 가려주며 관련 법령까지 알려준다. 자동차가 차선 위반을 하려 하면 벌금이 얼마이므로 위반하지 않게 조심하라는 경고 목소리가 나온다. 위성위치확인시스템인 GPS는 교통위반 차량에게 자동으로 교통위반 딱

▲ 지구궤도를 돌고 있는 GPS위성의 모습. 영화에서도 많이 나오지만, 이제는 누가 언제 어디에서 무엇을 하는지, 적어도 정보기관은 알 수 있다. 그래서 범죄를 쉽게 방지할 수도 있겠지만 프라이버시를 보호하기 어렵게 된다.

지를 발행하고 자료사진까지 송출한다.

하지만 이런 첨단기술은 경찰을 대신하기만 하는 것이 아니라 오히려 범죄에 이용될 수도 있다. 수천 킬로미터 떨어진 곳에서 범죄를 기획하고 실행하는 일이 가능해져, 지구 반대편에서 해킹을 통한 사이버범죄로 금융서비스를 마비시키거나 국가 에너지 보급로를 막는 등 대형범죄 발생 가능성도 커진다. 물론 신종 범죄와 테러를 제어하는 첨단기술, 대처능력도 발전할 것이다.

⚬ 소수정예의 첨단 경찰로 거듭난다

경찰은 인력이 크게 줄어드는 대신 사이버 국제범죄에 맞설 수 있는 첨단 경찰로 거듭난다. 지구촌 네트워크, 개인 신변보호기술, 첨단 감시카메라, 스마트카드 개발, 각종 범죄 데이터베이스 전산화, 주민서비스 강화를 위한 창의력이 중요해진다. 또한 국제 경찰 연합이 만들어져 사이버공간에서의 수많은 범죄 발생, 사이버테러 등에 대비하게 된다. 전문 경찰인력은 복잡하고 다양한 첨단기술 정보를 다루면서 생화학테러, 신용카드와 ID 범죄, 사이버 스토킹, 갈수록 다양해질 사이버범죄를 상대한다.

첨단기술 발달로 첨단범죄가 성행하겠지만, 과거에 경찰이 맡던 역할을 상당 부분 기계가 대체하고 현금도 사라지면서 경찰 인력은 크게 줄어든다. 스마트카드가 현금을 완전히 대체하는 '무현금 시대'가 오면 강도·절도 범죄가 크게 줄고, 인공지능 자동차가 나와 운전수 없는 운전이 가능해지면서 교통사고도 크게 줄어드는 세상이 오기 때문이다.

이처럼 첨단기술 발달은 급격한 사회 환경 변화를 가져오면서 경찰의 혁신과 시스템 변화를 불가피하게 만든다. 현재 미국은 테러 방지 등을 위한 첨단 군용장비들이 경찰로 옮겨와 첨단 경찰이 탄생했다. 예를 들어 도난차량이나 실종사건 등에 특히 효율적인 GPS와 무인정찰비행기 도입은 경찰 업무를 획기적으로 개선하고 보안검색의 속도와 정확도를 크게 높였다.

다만 첨단기술이 공공의 안전과 안보를 위해 활용되면 개인은 자유와 사생활의 침해를 감수해야 한다. 그럴수록 미래의 경찰은 열린 마음으로 지역사회와 끊임없이 대화하며 대민 서비스를 강화해야 할 것이다.

09 우주정거장에서는 장애인이 더 자유롭다

⦂ 첨단기술 발전으로 장애인 경제활동이 활발해진다

앞으로 몇 년 안에 의학과 생명공학의 발전으로 장애인의 신체 활용도가 크게 높아진다. 또한 첨단기술이 장애인의 신체 능력을 충분히 보완할 수 있다. 이는 곧 장애인이 저출산으로 인한 노동력 감소를 해결해줄 유력한 노동력으로 떠오른다는 뜻이다.

지금까지 한국은 물론 선진국에서도 장애인에게는 취업의 문이 좀처럼 열리지 않았고 일자리를 얻더라도 낮은 임금의 단순한 일이 주어질 뿐이었다. 미국만 해도 전체 장애인의 3분의 1만이 경제활동을 하고 있으며, 그마저도 낮은 임금에 만족해야 한다. 직업이 없는 장애인이 아직도 1200만 명이나 된다. 하지만 상황은 조

▲ **위의 그림** 자리야 국제우주정거장 안에서 디지털 카메라로 찍은 모습. 사진 속의 승무원은 러시아 공군 소속 블라디미르 데추로프 중령이다. 장애인도 활동에 전혀 지장이 없을 것이다.

▲ **아래 그림** 2006년 10월에 컴퓨터그래픽으로 완성한 국제우주정거장 그림. 이 우주정거장은 2010년에 발사할 예정이다.

금씩 나아지고 있다. 장애인들이 네트워크를 이루어 콜센터 업무를 대행하는 연합을 만들기도 하고, 특수 전문직 관련 일을 공동으로 맡아 하는 경우도 있다. 단순노무직에 몰려 있던 장애인들이 전문직으로 취업하기 시작했다.

앞으로는 첨단기술 덕분에 장애를 손쉽게 극복할 수 있을 뿐만 아니라 작업의 기계화와 자동화, 로봇의 활용으로 장애인의 노동력 투입이 가능해지면 장애인의 경제활동이 더욱 빠른 속도로 늘어나게 된다. 다양한 영역에서 장애인의 장점을 활용하는 방법을 찾아 장애인의 고용을 돕는 인력개발 프로그램도 개발되고 있다. 또한 장애인과 관련한 다양한 서비스업도 생겨난다. 여러 장애를 가진 사람들이 사회에서 일반인과 똑같이 고품질의 서비스나 프로젝트를 담당할 수 있는 역량을 키워주는 서비스업이 주목받을 것이다.

⁂ 우주시대에는 장애인이 뜬다

현재 미국, 유럽, 캐나다, 일본 등이 합작으로 우주정거장 건설을 추진하고 있는데, 여기서 일할 사람을 뽑을 때 다리가 불편한 장애인을 우대한다는 이야기가 있다. 일반인은 우주의 무중력 상태에서 오랫동안 다리근육을 활용하지 않으면 근육이 약해져 지구로 돌아와서 걷지 못할 수도 있다고 한다. 그래서 일반인이 우주정거장이나 우주선에서 장기간 머무르려면 따로 다리근육을 단련하는 운동에 매달려야 하는데, 이것이 우주인에게는 가장 고된 일이라고 한다. 하지만 하체장애인은 그런 운동을 할 필요조차 없어 일반인보다 훨씬 효율적으로 근무하면서 우주 생활을 즐길 수 있다. 다가오는 우주시대에는 장애인이 비장애인보다 더 유리하다. 비장애인은 시간을 내어 일부러 운동을 해야 하니 우주에서는 오히려 장애인이 된다

또한 앞으로 테러와 안보 위험, 또는 첨단기술 보안의 필요성 때문에 첩보위성의 중요성도 갈수록 커지게 된다. 세계 각국에서 첩보위성을 발사하고 있고 점점 정밀해지는 첩보위성은 하루 종일 지구 구석구석을 감시하며 사람들의 움직임을 촬영하여 저장한다. 여기서 나오는 엄청난 양의 자료를 정리하고 보관하는 일에도 움직임이 상대적으로 적은 장애인의 대거 유입이 점쳐진다.

10 파트타임이 많아지고
노조가 사라진다

⋮ 누구나 **임시직 자영업자**가 되는 **시대**가 온다

미래직업은 평생직장, 평생직종이 없어지면서 대부분 계약직과 임시직으로 일하는 자영업자만 남는다. 앞으로는 직장에서 몇 년 일하다 학교로 돌아와 1~2년 새로운 기술을 익혀 일자리를 옮기고, 몇 년 일하고 나서 다시 새로운 기술 훈련을 받는 평생 직업교육이 실시된다. 첨단기술 발전과 새로운 직종의 탄생으로 누구나 평생교육을 당연하게 받아들인다.

그렇게 해서 대부분의 사람은 서너 가지 직업을 옮겨 다니거나 동시에 여러 직업을 가지게 된다. 하루가 다르게 급변하는 세상에서 한 가지 직업으로만 먹고살 수는 없기 때문이다. 그래서 미국에라노바 연구소 소장 리처드 샘슨은 앞으로 '1개 직종' 시대에서 '동시 다직종' 시대로 넘어간다고 말한다. 이제 사람들은 회사원이 아니라 자영업, 즉 1인 기업을 운영하면서 프로젝트에 따라 옮겨 다니고, 그것도 하나의 프로젝트가 아니라 여러 개의 프로젝트를 동시에 진행한다.

기업이 고임금, 복리후생을 요구하는 노동력 대신에 기계화와 해외 아웃소싱을 더 선호하면서 노동시장은 급변한다. 많은 사람이 전문성을 요하는 프로젝트에 일시적으로 합류하는 임시직으로 근무하게 된다. 당연히 월급·연봉 개념도 사라지고 시간당, 프로젝트당 급여 개념으로 간다. 결국 모두가 자영업자가 되는 '개인의 기업화' 현상이 일어난다. 1인 매체, 1인 회사, 1인 컨설턴트, 1인 프로젝트 매니저 등 저마다 자영업을 하는 추세는 갈수록 두드러진다.

⦂ 재택근무로 도심은 공동화된다

많은 사람이 자신의 경력을 담은 포트폴리오를 들고 일자리를 찾아 헤매게 된다. 따라서 개인에 맞는 직장과 직종을 소개하고 그 사람의 능력을 효과적으로 홍보해주는 개인 구직 매니저라는 직업이 떠오른다. 구직난에 시달리는 사람들을 돕는 이런 인력 관리업

▲ 출근하지 않고 일하는 사람의 한 모습. 편한 복장으로, 노트북 두 대를 갖고 공원에 누워서 일을 하고 있다. 무선인터넷으로 어디에나 접속되기 때문에 가능해진 일이다.

이 급성장하여 커다란 시장을 형성한다.

일반 기업 조직도 주요 핵심기술을 제외하고는 모두 아웃소싱하게 되면서 최대한 슬림화 · 분권화된다. 과거와 같은 수직적 조직 기구와 부서를 전문 팀 조직이 대신한다. 파트타임으로 일하는 근로자들의 재택근무도 보편화되어 일터와 가정의 경계가 없어진다. 근로자들의 인간관계는 자연히 소원해지고 직장에서의 협력 작업이 사라진다. 출퇴근 문화가 사라지면서 지금의 도심 빌딩은 철저히 공동화된다.

파트타임, 재택근무의 확산으로 근로 혜택이나 사회보장 혜택의 중요성이 커지며, 이를 도와주는 다양한 서비스가 개발된다. 가족

주치의가 있듯이 가족·개인 재정 관리자, 복지혜택 관리자란 직업이 생겨난다. 근로 혜택은 직장이 바뀔 때마다 추가되거나 일자리와 상관없이 유급휴가, 건강보험, 연금 혜택이 주어지는 새로운 사회보장제도가 만들어진다. 또한 주택 건축도 재택근무를 하기 편한 구조로 바뀌어간다.

⁞ 노조가 사라진다

한편 과거에 대기업과 제조업을 중심으로 커다란 영향력을 행사하던 노동조합은 지금도 선진국에서는 점차 힘이 약화되고 있지만, 앞으로는 파트타임과 재택근무로 더욱 커다란 위기에 직면할 뿐만 아니라 사라질 가능성도 크다. 미래 직종이 대개 서비스업이라는 점도 노조 활동 약화의 중요한 요인으로 작용할 것이다. 노조 활동은 제조업에서 시작된 것인데 제조업이 현재 미국에서 8퍼센트, 그리고 10년 후에는 2퍼센트로 줄어든다. 이는 1800년대 농업인구가 90퍼센트, 1900년대 20퍼센트, 현재 1.2퍼센트로 소멸한 것과 같다.

노조는 기본적으로 백인 블루칼라 노동자들이 만든 문화인데, 이미 백인 블루칼라는 사라졌고 전문직들은 노조 가입을 꺼린다. 서비스산업 종사자는 일터가 수시로 바뀌어 노동자들이 함께 모일

시간이 없다. 또한 나라마다 외국인 노동자를 활용하는데 외국인들은 노조 가입을 꺼리며, 여성노동자 유입이 늘지만 여성 또한 노조 가입을 꺼려, 결국 대부분의 나라에서 노조 가입 인구가 10퍼센트 이하로 떨어진다. 한국만 노조활동이 활화산이지만 5년 이내에 노조는 사라질 것이다.

11

연예산업의 3가지
E 트렌드

⦂ 연예 프로그램이 대중 취향에서 개인 취향으로 바뀐다

연예산업이 급속히 변하고 있다. '누군가가 나를 위해 만들어주던 유행'에서 '스스로 경험하는 DIY'로 바뀌는 것이다. 앨빈 토플러가 프로슈머를 이야기했는데, 그보다 한 걸음 더 나아가서 트라이슈머Trysumer, 즉 모든 것을 스스로 만들고 시도해보는 단계까지 갔다. 시청자들은 누군가가 만들어준 연예 프로그램을 그대로 보다가 이제 자신이 원하는 프로그램을 요구하기 시작했다. 대중의 취향에서 개인 취향으로 가면서 스스로 표현하고, 스스로 경험하고, 스스로 중심에 서는 현상이 일어나고 있다. 세컨드 라이프Second Life, 마이스페이스My Space가 뜨는 등 개미군단의 힘은 하루가 다르게 커지고 있다.

종이를 바탕으로 한 출판산업은 전자출판과 인터넷의 발달로 존재 자체를 위협받는 심각한 상황을 맞고 있다.

⁞ 개인이 문화에 직접 참여하고 함께 만들어간다

이런 현상이 무엇을 말하는가? 점차 레저와 연예산업은 다양한 무리가 다양한 장소에서 서로 공유하고 상호작용하는 방향으로 가고 있다. 3개의 E가 점차 다양한 방향으로 분사하는 모습이다. 지금까지 책은 결말이 하나였지만, 이제 다양한 플롯에 다양한 결말을 보여주는 책이 유행한다. 단지 기존의 책을 전자책으로 만들어내는 단선적인 변화가 아니다. 여기서 말하는 전자책은 독자가 원하는 플롯을 선택하면 자동적으로 다른 결말로 이야기가 이어지는 서비스다.

옷을 살 때도 가게의 복잡한 탈의실에서 옷을 입어 보는 것이 아니라, 디지털사진 부스에서 최신 유행 컬렉션을 보고 원하는 옷을 이것저것 다양하게 시도하면서 자신만의 매력을 창조한다. 또한 박물관에 전시된 예술품이나 소장품을 보는 것에만 만족하지 않고 예술품과 상호작용하고 경험하고 느끼기를 원한다. 미래에는 전시회를 보거나 패션모델이 입은 옷을 구경만 하는 것이 아니라, 느끼

◀ 전자책 아이렉스 일리아드iRex iLiad. 필립스가 개발한 전자잉크e-ink 기술을 적용해 흑백 LCD지만 거의 종이를 보는 느낌을 줘 눈의 피로를 덜어준다. 3시간 충전으로 7000장에 달하는 페이지를 넘겨 볼 수 있고 무게는 390그램으로 일반 종이책보다 가볍다.

고 만지고 만들어보고 입어보는 이벤트, 즉 새롭게 참여하고 경험하는 이벤트가 뜬다. 역사적인 전시물을 가지고 소리를 내어보고 냄새도 맡아보며 직접 과거를 경험하는 것이 신세대의 박물관 체험 경향이다.

⁛ 기술의 발전으로 감동은 더 커진다

이메일 산업에도 새로운 시장이 부상하고 있다. 자신이 죽고 난 후에 자식들에게 또는 사랑하는 사람에게 수십 년 후 또는 수백 년 후에 전달될 이메일을 보내주는 사업이 뜨고 있다. 세상을 떠난 사랑하는 가족이 인생의 중요한 순간에 감동 있는 지혜를 전하거나, 자식이 절망할 때 용기를 주는 부모의 이메일 메시지는 진정 값진 것이 아닐 수 없다.

사람들은 광고 보는 것을 싫어한다. 그러나 휴대전화로 광고를 많이 보면 볼수록 전화요금이 내려가는 상품을 파는 기업이 나타났다. 휴대전화 광고시장은 앞으로 크게 성장할 전망이다. 이처럼 기술을 바탕으로 한 창의성은 완전히 새로운 산업을 일으키고 있다. 이제 틈새시장이 주류시장이 되고, 아이디어 하나로 많은 것을 얻는 시대가 온다.

미래용어설명

트라이슈머 try+consumer

간접적 정보에 의존하기보다 새로운 서비스, 제품, 맛 등을 직접 경험하길 원하는 체험적 소비자. 예를 들어 나이키는 이런 소비자의 경향을 반영해 영국, 이탈리아, 프랑스 등에서 '트라이얼 밴(Trial Vans)'을 운영하고 있다. 이 밴은 약 1000켤레의 운동화를 신고 다니면서 사람들이 신발을 신고 뛰어볼 수 있도록 빌려준다.

세컨드 라이프

린든 랩이 개발한 인터넷 기반의 가상 세계로 2003년에 시작되었다. 세컨드 라이프 뷰어라는 클라이언트 프로그램을 통해 이용자(거주자)는 다른 아바타와 상호작용할 수 있고, 보편적인 메타버스의 모습과 결합한 소셜 네트워크 서비스를 제공받는다. 거주자는 다른 거주자들을 만나고 개인이나 그룹 활동에 참가하며, 가상 자산과 서비스를 창조하고 다른 이와 거래할 수 있다.

FUTURE NEWS

12

인터넷 인공지능이
세상을 바꾼다

⚇ 우리는 나보다 똑똑하다

'우리는 나보다 똑똑하다!' 이 같은 신조 아래, MIT의 'CCI^{Collective} Intelligence' 센터가 집단지성 연구에 앞장섰다. '어떻게 사람과 컴퓨터를 집단적으로 연결시켜 지금까지의 개인, 집단, 또는 컴퓨터보다 더 지성적으로 행동할 수 있을까?' 이것이 이들의 핵심질문이다. 토마스 말론^{Thomas Malone} 소장과 20명의 다양한 분야 교수들은 집단지성에 대한 책 《우리는 나보다 똑똑하다^{We are smarter than me}》를 출판했으며, 누구나 특정 주제에 대한 내용을 기고할 수 있는 CCI 핸드북 '온라인 위키^{wiki}'를 제작했다. 또한 CCI의 소프트웨어를 이용하여 전 세계 기후변화 데이터를 한곳으로 모으는 작업을 계획하고 있다.

⁞ 웹 3.0, 인터넷 인공지능의 시대가 온다

최근 급진적으로 발전하는 인터넷과 이동통신 기술이 집단지성에 미칠 전반적 영향에 대해서는 아직 좀 더 지켜봐야겠지만 사회 시스템은 점점 이메일, 휴대폰 등 다양한 디지털 수단에 의존하고 있어서 집단지성의 구축 가능성과 그 방법이 촉진될 것으로 보인다. 2007년 3월 12일 MIT가 발간하는 〈테크놀로지 리뷰〉지에서 존 보랜드John Borland 기자는 집단지성의 알고리듬을 이용한 웹 3.0의 도래를 알렸다.

MIT의 컴퓨터공학자 에릭 밀러Eric Miller는 5년 전 시맨틱 웹Semantic Web이라는 웹 3.0의 개발을 위해 수백 명의 연구진을 구성하고 이 연구를 기반으로 제페이라Zepheira라는 컨설팅회사를 설립하여 연예, 관광, 비즈니스, 과학 관련 대형 데이터베이스 운용이 가능한 웹 3.0 서비스를 준비하겠다고 밝혔다.

웹 1.0은 주로 1세대 인터넷, 웹 2.0은 블로그나 댓글tagging, 네트워킹, UCC, 그리고 상호소통하고 협동하는 플리커Flickr, 딜리셔스Del.icio.us, 위키피디아Wikipedia 같은 것이다. 그러나 웹 3.0은 다양한 광대역 초고속망이나 휴대전화, 화상대화 기술을 접목시킨

▲ 플리커Flickr.com 홈페이지. 여기서 전 세계 사람들이 사진을 공유한다. 검색어를 쓰면 많은 사진을 금방 찾아 쓸 수 있다

것이며, 주문형 소프트웨어 서비스on-demand software services를 해준다. 웹 3.0은 모든 연구진이 한자리에 있지 않고 전 세계 각처에 흩어져 있어도 다양한 연구 프로젝트를 함께할 수 있게 된다. 결국, 웹상에서 모든 비즈니스나 연구 프로젝트가 가능해져서 대기업이 소멸하고 사이버 통합대학 등이 가능해진다. 유엔미래포럼은 2030년에는 웹 17.0이 나올 것이라고 전망하였다.

새로운 인터넷 환경이 세계를 변화시킨다

미국 정부가 추진하는 인터넷2 프로젝트는 너무 커지고 느려진 지금의 인터넷 환경을 극복하고 멀티미디어 데이터의 폭발적인 증가를 수용하기 위한 것이다. 이는 1997년 미국의 클린턴 대통령이 연두교서에서 천명한 차세대인터넷NGI, Next Generation Internet 계획의 일부로 추진되고 있으며, 행정기관, 여러 대학과 기업체 등이 참여하는 국가적인 프로젝트이다. 인터넷2 프로젝트는 비영리 컨소시엄에 의해서 추진되며, 각 대학은 고속통신을 구현하기 위한 첨단 네트워크 응용 기술을 개발하고 있다. 인터넷2는 80개가 넘는 선도기업의 참여로 현재 일반인들에게는 공개되지 않고 있지만 궁극적으로 일반에게 공개된다.

미래용어설명

웹 3.0

월드와이드웹의 미래를 이야기할 때 쓰는 용어. 최근의 웹 혁명을 가리키는 웹 2.0에 이어 사람들은 웹 3.0이란 말을 통해 앞으로의 인터넷 혁명에 대한 가설을 세운다. 월드와이드웹 혁명의 다음 단계에 대한 관점은 매우 다양하다. 컴퓨터가 디지털 정보를 이해하고 논리적으로 추론할 수 있도록 해주는 지능형 웹인 시맨틱 웹(semantic web)과 웹에 펼쳐진 현실 세계를 돌아다니는 3D 웹, 수십억 쪽의 서류와 각종 사이트를 뒤져 가장 이상적인 답변을 제공하는 검색엔진, 인공지능이 열어 보일 새로운 가능성이 모두 웹 3.0 시대의 전망이다.

플리커 Flickr.com

2004년 2월부터 서비스하고 있는 온라인 사진 공유 커뮤니티 사이트. 웹 2.0의 대표적인 프로그램 가운데 하나로 거론된다. 캐나다 밴쿠버에 있는 루디코프 사에서 개발했으나 2005년 야후가 인수했다.

딜리셔스 Del.icio.us

소셜 북마킹으로 유명한 웹사이트로, 자신의 즐겨찾기를 저장하고 다른 사용자들과 함께 공유하도록 한다. 2003년 후반 조슈아 샤흐터(Joshua Schachter)가 만들었다. 2005년 야후가 인수했다.

FUTURE NEWS

위키피디아 Wikipedia.org

모두가 함께 만들어 가며 누구나 자유롭게 쓸 수 있는 다국어판 인터넷 백과사전. 배타적인 저작권을 가지고 있지 않기 때문에 사용에 제약을 받지 않는다. 지미 웨일스(Jimmy Wales)와 래리 생거(Larry Sanger)가 2001년 1월 15일 출범시켰고 현재는 비영리단체인 위키미디어 재단에서 운영하고 있다. 모든 언어판을 합하면 840만 개 이상의 글이 수록되어 있으며 꾸준히 성장하고 있다.

FUTURE NEWS

3장

개인이
더 많은
권력을 가진다

전 세계가 미래전략에 몰두한다 ● 정부
는 15년 뒤를 예측하고 그에 맞춘 정책
을 집행한다 ● 유럽연합과 같은 형태의
지구연방국가가 태어난다 ● 빛의 속도로
바뀌는 세상에서 지도자의 결정은 더욱
더 중요해진다 ● 개인이 인터넷으로 국
가의 의사결정에 직접 참여한다 ● 미래
비전을 가지고 인터넷으로 홍보한다 ●
미래사회의 생존은 집단 의사결정 시스
템에 달렸다

HOUSING	STOCK	SCIENCE	HEALTH
WEB	POLITICS	WELLBEING	U.F.O.

20 09	20 10	20 11	20 12
20 13	20 14	20 15	20 16

ENTER

전 세계가
미래전략에 몰두한다

⦂ 유행처럼 설립되는 **국가미래전략기구**

첨단기술을 통해 미래사회 모습이 급격하게 바뀔 것을 알게 된 선진국들에서는 의회에 미래상임위원회를 두거나 국가미래전략기구를 만드는 것이 유행처럼 번졌다. 핀란드 국가미래위원회, 호주 미래위원회 등 정부 산하 국가미래전략기구를 운영하는 나라는 이미 50개국에 이른다. 프랑스는 경제기획원 산하에 경제계획청을 두고 있으며 모로코에는 미래전략왕립연구소가 있다. 다른 나라들도 주로 국방부와 외무부, 혹은 재경부와 농업부 밑에 미래전략기구를 설치하고 미래전략을 수립하고 있다.

⁑ 어디에나 미래전략기구를 두고 있다

정부부처를 총괄하는 국무총리 밑에 미래전략청을 두는 나라도 많다. 대부분 영국, 싱가포르, 캐나다 등 선진국인데, 이집트는 수상실 산하에 미래전략청이 있으며, 최근 쿠웨이트도 부수상실 밑에 미래전략청을 만든다고 한다. 의회에 미래상임위원회를 둔 나라도

▲ 헬싱키 중앙에 있는 의회 건물. 1993년 이곳에서 세계 최초로 미래상임위원회가 만들어졌고, 목재회사였던 노키아를 세계 최고의 모바일폰 회사로 만들어내는 계획을 세웠다. 2007년, 2사분기 동안 노키아가 전 세계에 판매한 모바일폰의 숫자는 2억 5800만 대로, 2위인 삼성과 3위인 모토롤라가 판매한 숫자를 더한 것보다 훨씬 더 많은 판매량을 기록했다. 이러한 엄청난 성공은 미래사회의 변화를 빨리 내다보고 준비한 결과로밖에 설명이 되지 않는다.

있다. 핀란드는 1993년 세계 최초로 미래상임위원회를 만들었는데, 미래 산업으로 IT사업을 선정하여 목재회사였던 노키아를 세계 최고의 IT기업으로 만들어냈다. 의회 종주국 영국도 2005년 스코틀랜드 의회에 미래상임위원회를 만들었다.

지방정부에 미래위원회를 두는 나라도 있다. 미국은 50개 주마다 미래위원회가 있다. 프랑스에도 지방정부에 미래전략부서가 22개 있고 99개 부처에 미래전략팀이 있으며, 대도시로는 리옹 시가 미래전략처를 두고 있다. 이밖에 스페인의 카탈루냐와 바르셀로나, 영국의 리즈, 이탈리아의 토리노에 미래전략기구가 있다.

⁞ 지구촌 미래예측보고서가 쏟아지고 있다

유명한 국가미래보고서로는 〈미국 NIC 2010, 2015, 2020 보고서〉, 〈유럽 2010〉, 〈호주 2020〉, 〈영국 국가보고서 챌린지포럼 2020, 2025, 2030 시나리오〉, 〈핀란드 2015 및 2020 보고서〉, 〈핀란드와 유럽의 미래〉, 〈21세기 폴란드〉, 〈독일의 미래〉, 〈노르웨이 2030〉 등 30여 개가 있다. 그 밖에 분야별 국가보고서는 셀 수 없이 많다. 즉 〈우주의 미래 2030〉 등 경제협력개발기구[OECD]에서 낸 미래보고서는 30여 종이 되며, 에너지, 식량, 물에 대한 보고서는 각 나라와 모든 국제기구가 작성하고 있다. 과학기술보고서도 나라마다 다양한 주제로 펴내고 있다. 그중 영국 무역산업부^{DTI}의 기술미래예측 프로그램이 잘 알려져 있다.

　세계 최대 미래연구가들의 모임인 세계미래회의^{World Future Society}는 최근 미래보고서를 준비할 때 반드시 한 국가의 미래가 아닌 지구촌의 미래를 예측해야 한다는 규칙을 세웠다. 지구촌이 하나로 통합되기 때문에 더 이상 한 국가 차원에서 해결할 수 있는 일이 없다는 것이다. 미래예측은 대부분 국가 성장 동력, 인구변화, 환경, 에너지, 빈부격차, 첨단과학기술이 바꾸는 사회변화, 교육, 교통 등을 다룬다.

02

정부는 15년 뒤를
예측하고 그에 맞춘
정책을 집행한다

⦂ 미래상임위는 국가미래전략의 중심을 잡는다

핀란드 의회의 미래상임위원회는 토론과 말치레에 치중하지 않고
법안 마련과 예산 확보에 적극 나서 국가의 미래 성장동력을 찾고
민생문제를 해결하는 데 힘쓰고 있다.

그러니 당연히 국민의 전폭적인 지지를 받게 되었다. 미래상임
위원회는 국가미래전략의 중심을 잡는다. 정부 각료는 매년 바뀌
고 정부의 집권기간은 4년으로 장기적인 전략을 세우기 어렵기 때
문이다. 그래서 국회 미래상임위원회 위원장이 대부분 차기 총리
가 되곤 한다.

미래위원회가 목재생산기업 노키아를 세계 최고의 IT기업으로 만들었다

소련과의 교역이 활발했던 다른 북유럽 국가와 마찬가지로 핀란드 도 소련 붕괴와 함께 1990년대에 거의 주저앉을 지경에 이르렀다. 경제공황이 정치와 외교 등 체제 붕괴로까지 이어질 수 있었기에 핀란드 정부는 치열한 생존전략을 세워야만 했다. 핀란드는 우선 유럽연합에 가입했지만 다른 유럽국가의 행정이나 체계에 익숙지 못했고 미래에 대한 불확실성은 커져만 갔다. 1993년, 이를 보다 못한 의회가 먼저 팔을 걷어붙였다. 장기적인 국가미래전략을 세 우고 무엇으로 먹고살 것인지 연구하기 위해 미래상임위원회를 세 운 것이다.

초기에 임시특별기구로 만들어진 미래상임위원회는 국민의 전 폭적인 지지로 국회 상설기구로 탈바꿈했다. 여기에는 헌법 개정 등 엄청난 작업이 뒤따랐고 정부의 반대도 있었지만 핀란드 국민 은 이를 받아들였다. 위원회는 미래예측을 통해 목재나 휴지를 팔 아서는 먹고살 수 없다고 판단했다. 그리고 세계미래회의 전문가 들의 자문과 보고서를 통해 미래산업이 IT통신이라는 결론에 도달 했다.

결국 위원회는 당시 핀란드의 유일한 대기업 노키아를 설득하 기에 이르렀고 1990년대 목재, 휴지, 웰링턴부츠를 만들던 노키

아를 지금의 IT통신기업 노키아로 탄생시키는 데 결정적인 역할
을 했다.

⋮ 15년 후의 모습을 그려낸 다음
그에 맞춘 정책을 4년 임기의 정부가 집행한다

미래상임위원회는 총리실, 정부 각 부처와 긴밀히 대화하고 정책
을 입안할 때 장기적인 전망을 제시하는데, 핀란드 정부는 항상 연
정聯政을 하기 때문에 이러한 대화는 필수적이다. 총선으로 집권한
다음해에 정부는 의무적으로 미래정책을 내놓아야 한다.

그리고 2년째 되는 해에 미래보고서를 제출하는데, 이 보고서는
선거공약이 아니다. 새로 집권한 정부가 15년 후를 정확하게 분석
하고 미래에 관한 비전과 전략을 세워, 4년 동안 국가를 어떻게 운
영할지 정책 방향을 보여주는 것이다. 예를 들면 지구촌이 되어가
는 국제사회, 지구촌 기후환경변화, 장기적인 에너지정책, 민주주
의 발전, 첨단기술발전 등에 대비하는 미래전략을 제시해야 한다.
이 보고서는 의회 미래상임위원회가 분석, 조사하여 그 결과를 의
회에 제출한다.

미래상임위원회는 산하에 미래연구소를 두고, 특히 미래사회변
화 예측과 첨단과학기술 발전에 대한 전문적인 보고서를 만든다.

▲ 핀란드 케일라미에미에 있는 노키아 본사. 1865년에 설립된 이 회사는 목재를 취급했으나 핀란드 미래상임위원회의 미래예측에 맞추어 변화하여 오늘날 세계최고의 이동통신기업이 되었다. 사진은 2003년에 지은 건물이다.

미래연구소는 각 대학과 손잡고 다양한 연구를 할 뿐 아니라, 세계 미래포럼을 열어 다른 나라의 미래연구를 배우고 지구촌의 미래 성장동력, 기술예측 및 사회예측 연구를 위해 각 분야 전문가 60여 명을 미래연구소에 배치한다. 연구진은 대부분 정규직으로 근무하면서 매년 두 차례에 걸친 국회 전체회의에 참석해 미래예측 연구결과를 보고하고, 특정 사안이 있을 때 항시 전문가들의 도움을 받는다. 민간전문가들은 국가의 미래정책을 제안할 뿐만 아니라 자신의 영역에서 국민을 설득하는 역할을 한다.

핀란드 미래상임위원회는 국민과의 대화 혹은 의회 청문회를 핀란드 최대 재즈페스티벌 현장에서 갖는데, 언론은 황금시간대에 이를 중계한다. 최근 미래상임위원회의 최대 관심사는 미래 지구촌사회의 변화, 그리고 2100년의 민주주의 변화, 그리고 고령화와 저출산 대책이다.

03

유럽연합과 같은 형태의 지구연방국가가 태어난다

세계가 함께 **해결**하지 않으면 안 되는 **문제**들이 **지구통합**을 더욱더 **부추길 것**이다

200년 전 절대권력을 가졌던 전제군주제가 무너지고 국민국가가 세워진다고 했을 때 아무도 믿지 않았다. 유럽연합이 출범하리라는 것도 2차 세계대전 직후에는 아무도 믿지 않았다. 그때처럼 지금도 많은 사람이 세계정부가 생기리라는 미래뉴스를 믿으려 하지 않는다. 그러나 퓨처리스트들은 22세기가 지나기 전에 지구촌 커뮤니티는 완전히 성숙한 모습을 갖추게 될 것으로 전망한다.

우리 문명은 국제화, 지구촌화, 지구통합의 단계를 거치고 있다. 19세기 중엽 영국에서 국제무역이 등장했고, 두 차례 세계대전을

▲ 유명한 진화생물학자이며 세계주의자였던 줄리안 헉슬리에 따르면, 다음과 같은 여섯 단계를 거쳐 세계정부가 만들어지리라고 한다. ①유엔이 세금을 거둘 수 있는 권력을 가지게 되고, ②안전보장이사회가 개혁된 다음 ③유엔 경찰이 창설되고, ④유엔재판소가 설치되며 ⑤국가와 개인은 무장해제되고 ⑥국제 교육시스템이 만들어지면서 세계가 통합되리라는 것이다. 사진은 유엔 안전보장이사회 회의장 모습.

겪은 뒤 1948년 유엔이 창설되면서 본격적으로 국제화가 시작되었다. 지구촌화는 1980년대 기후환경변화에 따른 논의에서 시작되어 1992년에 오존층 파괴, 생명체와 종의 소멸을 논의한 제1회 지구정상회담 Earth Summit 에서 구체적인 모습을 드러냈다. 이처럼 기후변화, 경제적 상호의존, 지식정보혁명 등 세계가 함께 해결하지 않으면 안 되는 문제가 생기면서 지구통합으로 가게 된다.

유럽연합의 탄생을 지켜본 모든 유럽 국가가 개별 국가의 소멸을 현실로 받아들인다. 노르웨이의 〈국가미래보고서 2030〉은 16

개 정부부처 중 15개 부처가 참여하여 국민 앞에 내놓은 미래보고
서로, 여기서 그들은 2030년에 현재 형태의 국가는 소멸하고, 국
제기구는 8456개나 생기며, 세계정부World government가 생기고, 지구
촌은 결국 8개의 경제블록으로 나눠진다고 보았다. 결국 8개 국가
가 탄생한다는 이야기다. 유럽연합, 아랍연맹, 중남미연맹, 남미연
맹SAU, 아프리카연맹AU, 나프타NAFTA, 아세안ASEAN이 하나의 국가를
이루고 한국은 중국·일본과 함께 느슨한 FTA로 한 국가가 된다
고 보았다. 여기에 인도와 러시아까지 넣으면 최대 경제블록이 된
다. 그 이유는 인구에서 찾을 수 있다. 2020년에는 아시아 인구가
56억, 유럽연합 15개국은 2억, 미국이 4억쯤 되리라고 한다. 정보
처리능력이 국력이 되는 시대에는 인구가 그 자체로 힘이므로 인
구가 국력을 가늠하는 잣대가 된다. 로히트 탈위Rohit talwar의 경제분
석에 의하면, 2015년에 인도가 일본보다 더 강해진다. 그러므로
2015년 전에 한국이 일본과 중국 사이에 있다는 것을 장점으로 삼
아 경제블록의 본부를 설치하고 동북아공동체를 이끄는 힘을 축적
해야 한다. 2015년 뒤 일본의 국력이 급락하면 한국의 지정학적
중요성이 떨어질 것이기 때문이다.

2032년 세계헌법이 제정된다

지구통합은 다음과 같은 현실을 바탕으로 한다. 먼저 첨단과학기술의 발전이다. 인터넷의 발전으로 지식정보혁명이 일어났고 전 세계 어디와도 쉽게 의사소통이 이뤄지고 있다. 또한 지구촌 권력이 재편되었다. 냉전 종식 이후 자본주의가 완전히 헤게모니를 장악했다. 게다가 금융, 교역, 노동시장 등 경제에 관한 모든 것이 통합되었으며, 세계무역기구^{WTO}, 초국가기구, 다국적기업, 국제 비정부기구^{NGO} 등의 영향력이 갈수록 커지고 있다. 특히 세계무역기구, 세계은행^{IBRD} 등은 각국 정부보다 더 큰 특권을 가지고 있다.

미래학자 폴 라스킨$^{Paul\ D.\ Raskin}$은 2032년에 세계헌법이 제정될 것으로 예측했다. 이는 1948년에 채택된 세계인권선언과 비슷한 형식일 것이다. 세계헌법에 따라 지구촌은 각 지역의 다양한 주체가 마치 베를 짜듯이 함께 엮어갈 것이다. 몇몇 지역은 국가들이 국경 없이 서로 소통하고, 일부 국가는 연방을 이룰 것이며, 그래도 여전히 국가 형태를 유지하는 곳도 있을 것이다.

지구연방과 세계의회가 생겨난다

지구연방$^{Earth\ commonwealth}$의 통치는 지방 분권 정부가 맡되 시민사회와 기업이 파트너십을 가지고 참여한다. 오늘날의 정부는 입법부, 행정부, 사법부로 분리되어 있지만 미래에는 기업, 정부, NGO 그리고 일반 시민단체들이 협력하여 통치와 의사결정을 담당하게 된다. 정부는 사실상 정책실행기관이 아닌 하나의 의사결정기구로 변한다.

국제적인 협상이나 규칙은 더욱 중요해진다. 경제, 환경, 사회 문제가 대부분 세계적인 쟁점이 되기 때문이다. 앞으로는 모든 국가기관의 결정도 국제 기준을 따라야 하는데, 인간의 기본권, 환경 보존규칙, 인권 등이 대표적인 예이다. 또한 빈곤층을 줄이기 위한 부의 재분배와 사회복지예산 증가도 중요한 국제 규정이 된다.

세계의회The world assembly에는 지역 대표와 지구촌 투표로 선출한 다양한 지구촌 구성원이 참여한다. 많은 대표가 새로운 직접민주주의에 참여할 수 있는 것은 첨단통신수단이 있기 때문이다. 이러한 지구촌 대표들이 원 월드one world 정치를 하면서 지역의 특색과 다문화를 대변한다.

1900년도에는 전 세계에 55개 국가가 존재했고, 1945년 2차 세계대전이 끝나고 많은 나라가 독립하여 80여 개 국가가 되었다가 지금은 200여 개 국가에 이른다. 하지만 2030년에는 결국 8~9개 국가, 즉 경제블록이 정치단체로 영향력을 행사하게 될 것이다.

미래용어설명

지구정상회담
1992년 브라질 리우데자네이루에서 각국 대표들이 참석한 가운데 지구 환경보전을 논의하기 위해 개최된 회의. 여기에서 리우선언, 기후변화협약, 생물다양성보존협약 등을 채택했다.

FUTURE NEWS

빛의 속도로 바뀌는
세상에서 지도자의 결정은
더욱더 중요해진다

● 정부의 결정이 순식간에
인류의 미래를 결정지을 수 있다

21세기는 첨단기술 발전에 힘입어 빛의 속도로 변하고 있다. 이제
는 같은 실수라도 과거보다 훨씬 더 위험한 결과를 가져온다. 기회
를 놓치면 다시 돌아오지 않으며 뒤따르는 비용도 어마어마하게
커진다. 특히 정부와 통치자의 미래결정, 정책결정이 중요한 시대
에 접어들었다. 모든 정책이 지구촌 문제와 어우러져 돌아가기 때
문에 자유무역협정^{FTA}처럼 국가존폐를 가르는 선택이 늘어난다.
통치권자의 잘못된 선택은 자칫 국가적 위기를 불러오고 나라의
운명을 바꿀 수 있다. 여전히 인류가 직면한 위험과 기회에 가장

효과적이고 합법적으로 대처할 수 있는 주체는 정부들이다. 미래 사회에서는 초정부기구, 초국경기구가 뜨고 세계적 통치실체인 지구촌정부가 만들어질 것이다. '더 큰 단위'인 지구촌정부의 결정은 더욱더 중요해서 순식간에 인류의 미래를 결정지을 수 있다.

⦂ 정부 정책은 지구촌 차원에서 세워지기 때문이다

시장경제가 갈수록 강화되고, 시민사회의 활동이 늘어나며, 국가 경영을 아웃소싱하는 경우도 많아졌지만, 정부는 여전히 교육, 공공질서 유지, 기간시설 확충, 복지정책 마련 등의 책임을 지고 있다. 중요한 점은, 정부가 당면한 중대정책이 정부의 전통적 활동영역을 벗어난, 완전히 새로운 형태의 지구촌문제와 이어져 있다는 것이다. 예를 들면 기후변화, 인구구조 변화, 이민이주 변화, 대량 살상무기, 지구촌 동일문화, 국제경제 규제, 지리적 전략, 통치형태 변화, 인간수명 연장과 생명공학 발전에 이르기까지 매우 다양하다. 이런 문제를 구속력 있게 결정하고 실행하며, NGO에 기능을 분배하고 감시할 주체는 정부와 다국적 기구뿐이다. 그래서 정부 수반이 중심이 되어 중요한 결정을 처리하는 정상회담 혹은 국제회의의 빈도와 중요성이 커졌다.

▲ 샌프란시스코 만에 들어서고 있는 한국의 컨테이너선. 마치 한국을 통째로 담고 미국으로 이사가는 듯한 느낌을 준다. 그만큼 세계화의 힘은 강력하고 빠르게 움직이고 있다. 이런 현실이 미래의 사회를 얼마나 빠르게 바꿀지 예측하지 못하면 실패에 실패를 거듭할 수밖에 없을 것이다.

⦂ 그래서 정책결정자와 공무원에게는 미래예측훈련이 필요하다

이러한 시대상황에서 미래예측훈련은 이제 생존을 위한 선택이 아니라 필수과목이 되었다. 선진국에서 기획이나 홍보를 담당하는 공무원은 미래예측훈련을 꼭 받는다. 특히 정치 지도자와 통치자라면 미래예측훈련은 반드시 거쳐야 할 통과의례다. 그렇지 못할 경우 공무원은 승진이 어렵고 통치자는 자질 문제에 휘말릴 수 있다. 핀란드에서는 이미 그런 점이 현실화되었다. 의회의 미래상임 위원회 위원장이 대개 차기 정부의 총리가 된다. 급변하는 미래사회에서 통치자들의 의사결정 역량 향상은 중요한 과제로, 선진국은 이미 그 시스템을 갖추고 있다.

정부 고위층이나 최고 정책결정권자, 즉 총리, 장관, 대도시 시장, 국회의원 등은 급변하는 사회변화를 배우고 여기에 따라 가장 훌륭한 선택을 해야만 한다. 통치권자를 희망하는 사람들에게 반드시 필요한 훈련이다. 공공 부문에 기업 최고경영자의 시각을 빌려오기도 하지만, 정부와 기업은 많은 점에서 근본적으로 다르다. 사회적으로 최고경영자를 위한 훈련 프로그램은 늘어나고 있는데, 이제 정치지도자와 정책결정권자의 자질을 향상시키기 위한 프로그램 개발이 시급하다. 미래예측, 국가 비전 세우기, 국민의 마음을 읽는 능력은 훈련이 필요한 일이다.

05

개인이 인터넷으로 국가의 의사결정에 직접 참여한다

⁞ 타임지는 올해의 인물로 당신YOU을 선정했다

전 세계 미래예측가들은 우리나라 정치 환경의 변화에 주목하고 있다. 우리나라가 미래민주주의의 일면을 보여주기 때문이다. 바로 모바일, 초고속인터넷망에서 비롯된 새로운 직접민주주의, 디지털 전자민주주의의 가능성이다. 조지워싱턴 대학교 빌 할랄 교수는 전자민주주의가 전자투표, 전자여론조사의 형태로 2012년에 보편화될 것이라고 예측했다. 그래서 현재 한국의 초고속인터넷과 휴대전화 사용이 세계 최고 수준이기 때문에 많은 미래예측가들이 미래정치의 모델로 한국 정치 환경의 변화를 지켜보고 있다는 것이다.

유엔미래포럼 제롬 글렌 회장은 40여 년 전에 권력이동의 미래공식을 만들었다. 즉 권력은 농경시대에는 종교, 산업시대에는 정부, 정보화시대에는 기업, 그리고 5~10년 후에 다가올 후기정보화시대, 다시 말해 의식기술시대에는 개인에게 간다고 보았다. 미국의 시사주간지 〈타임〉이 2006년 올해의 인물로 '당신YOU' 을 선정한 것은 이를 뒷받침해준다.

▲ 2006년 올해의 인물로 '당신You'를 선정 발표한 〈타임〉지 2007년 1월 표지

개인이 직접 의사결정에 참여하게 된다

우리는 현대정치에서 정당의 존재를 당연한 것으로 생각한다. 하지만 정당정치는 오늘날 첨단과학기술의 발전, 이념 지형도의 붕괴로 곧 사라질 것으로 보인다. 정당은 19세기 말 이념과 사회계층을 바탕으로 탄생했지만 현대사회, 특히 선진국에서는 이러한 구분이 더 이상 중요치 않다. 사실상 좌파, 우파의 의미는 사라져가고 너무나 다양한 이해관계와 가치관을 갖게 되었다. 우리는 다양한

집단에 소속감을 느끼고 복잡하고 다중화된 정체성을 가진다.

미국의 국제관계 전문지 〈포린 폴리시Foreign policy〉(2006년 9 · 10월
호)은 '오늘 있지만 내일 없는 것'이라는 특집기사에서 2040년에
사라지는 것으로 가장 먼저 정당을 꼽았다. 영국문화원의 〈2020
보고서〉, 경제개발협력기구OECD의 〈미래예측보고서〉 등에서도
2020년에 정당이 사라진다고 예측했다.

앞으로는 국민이 정당을 거치지 않고 정부를 직접 상대하는 새
로운 직접민주주의가 온다. 새로운 직접민주주의 시대에는 국회에
보낸 선출직 대표에 기대지 않고 국민 스스로 정치사회적 의견을
인터넷을 통해 펼친다. 인터넷투표, 전자투표는 2010년에 보편화
될 수 있을 것이다. 또한 이익집단이나 NGO 활동을 통해 자신들
의 정책을 제안한다. 200년 역사의 대의민주주의가 수명을 다할
수도 있다는 이야기다.

⁞ 무능력한 국가는 이웃국가나 국제기구에게
권력을 빼앗기게 된다

지금까지 국가는 자신의 영토 내에서 통치권을 가졌고 그 권위로
지난 350년간 국제관계의 원칙을 세웠다. 그러나 2040년경에는
국가도 더 이상 변화의 소용돌이에서 성역으로 남을 수 없다. 더

강력한 권력과 엄청난 위협이 국가의 권력에 도전한다. 그렇다고 국가가 사라지는 것은 아니지만 다른 집단과 권력을 나눠가질 수밖에 없는데, 바로 국제기구, NGO, 기업, 은행, 개인 자본가 등이다. 국가의 권력은 인구변동, 새로운 생각, 대기오염, 상품과 화폐, 마약, 바이러스, 이메일, 국경을 오가는 무기밀매 등이 엄청난 흐름을 이루면서 그 힘을 급속히 잃는다. 국가가 이러한 흐름을 조정하는 능력을 잃을 경우 국제적인 세력이 이를 대신하게 된다. 미래 국가가 능력이 없으면 권력을 이웃국가에 넘기게 되고 국민들의 기본욕구를 충족시키지 못할 경우 국제기구에게 권력을 몰수당하는 일도 벌어질 것이다.

06

미래비전을 가지고
인터넷으로 홍보한다

❖ 공동체의식이 사라진다

미래 정보화사회에 사람들은 컴퓨터나 기계와 많은 시간을 보내면서 공동체의식을 잃어간다. 또한 지도자나 국가의 이념에 동조하지 않고, 사회융합보다는 개인과 소속집단의 이해관계를 먼저 내세우면서 사회갈등의 골이 깊어진다. 영국의 〈2020 정부운영보고서〉를 보면, 영국 국민의 정부신뢰도는 2차 세계대전 직후 80퍼센트였지만 최근에는 30퍼센트 이하로 떨어졌다. 국민은 정부의 정책과 실행능력을 의심하고 더 이상 신뢰를 보내지 않는다. 정부에의 접근가능성, 국가운영의 투명성은 예전보다 놀라울 정도로 향상되었지만 국민 개개인의 욕구와 가치관이 너무 다양해졌고 서로 너무 복잡하게 연계되어 있기 때문이다.

이제 전통적인 가치관과 커뮤니티로는 복잡해진 사회를 통합하는 것이 불가능해졌다. 사람들은 전통적인 가치관을 암묵적으로 인정하면서도 현존하는 규율, 지속성을 깨뜨리며 새로운 사회구조를 끊임없이 만들어가고 있다. 사람들은 더 이상 한 커뮤니티의 구성원이 아니며 거의 예측 불가능한 행동을 한다.

그래서 **선진국**에서는 **국민통합부**를 만들고 있다

이러한 이유에서 세계 각국은 요즘 유행처럼 미래전략기구와 더불어 국민통합부National Integration를 만들고 있다. 국민통합은 국가의 미래가 달린 일이다. 국민통합 없이 경제성장

▶ 반전 데모. 정부가 미래비전을 가지고 국민을 설득하지 못할 때 이런 시위를 피할 수 없을 것이다. 미래에도 이런 오프라인 시위가 계속될 것인지 그것은 정부의 태도에 달려 있다.

도 없기 때문이다. 호주의 사회통합부, 스웨덴의 국민통합양성평등본부, 벨기에의 공공사회통합부, 노르웨이의 노동사회통합부, 브라질의 국민통합부, 이탈리아의 사회통합부, 덴마크의 난민이민국민통합부가 대표적이다. 그 밖에도 프랑스, 인도, 인도네시아 등 20여 개국이 관련 부서를 두고 있다.

⁞ 국민 설득은 속삭이는 목소리로 하는 것이 좋다

이와 함께 국민 설득의 중요성도 커지고 있다. 서구에서는 이미 모든 정책을 발표하기 전 국민을 어떻게 설득할 것인지 가장 먼저 고려한다. 아무리 좋은 정책도 반대 여론을 넘어서기가 그만큼 어려워졌기 때문이다. 국민 설득은 논리적, 윤리적, 도덕적으로 완벽해야 한다. 설득 방법도 예전과 크게 달라진다. 디지털민주주의에 익숙한 국민을 설득하기 위해서는 권위주의적인 연설 형태보다 인터넷이 중요한 역할을 맡게 된다. 블로그, 홈페이지, 이메일을 통한 '속삭이는 목소리'가 설득력이 높다. 또 정책을 발표하기 전에 그 분야의 미래 메가트렌드를 설명하면서 설득 논리를 준비해야 한다. 선진국에서는 그런 노력을 하는데 80퍼센트쯤의 역량을 쏟아붓는다.

⦂ 빠르게 다가오는 **미래**에 **대한 비전**이
가장 **설득력**이 **강하**다

한걸음 나아가 전담 부서가 필요하다. 국민통합부, 국민설득부, 즉 대국민홍보부처는 상당한 권한을 위임받는다. 최상의 대안이나 정책이라도 반대 여론이 일어날 가능성이 있을 때 발표하기보다 국민의 요구가 무르익었을 때, 즉 적시정책Just-in-Time Policy으로 접근하는 것이 최상이다. 이를 위해서는 국민들의 의견수렴뿐만 아니라 국민정서를 읽어낼 수 있는 준비가 필요하다.

국민설득부는 미래예측 전문가들로 구성된다. 큰 물줄기, 즉 정확한 미래예측을 제시하면서 미래가 이렇게 가니까 여기에 대비하여 이런 준비를 해야 하므로 이런 정책이나 예산이 필요하다고 설득해야 한다. 예를 들면 부동산정책과 같은 것이 있다. 멀리 보면 부동산 거품은 빠질 수밖에 없다. 무엇보다 저출산으로 인구가 줄어들 것이다. 게다가 많은 미래 사람들은 나노텐트를 가지고 다니며 유목민과 같은 삶을 살 것이다. 이런 미래비전과 함께 부동산정책을 세우고 국민들을 설득해나가야 할 것이다.

07

미래사회의 생존은 집단 의사결정 시스템에 달렸다

● 의사결정 사관학교가 생긴다

빛의 속도로 변하는 미래사회는 불확실성이 증가한다. 세상이 복잡하게 돌아가면서 사람들은 자신이 올바른 결정을 내렸는지 아닌지에 대한 불안감에 휩싸인다. 지구촌이 하나가 되면서 의사결정이 필요한 일은 갈수록 많아지고 더욱 복잡다단해지면서 점차 인간의 분석과 결정 역량으로는 도저히 판단이 서지 않는 사례가 늘어난다. 또 무언가를 결정한 뒤에도 계속되는 수정 요구에 시달린다. 지구촌 시대의 과제들을 해결하기 위한 의사결정은 너무 복잡하여 새로운 제도의 도움 없이는 불가능해 보인다.

그래서 미래학자들은 의사결정학^{Decision science}의 부상을 점친다.

오늘날 군사학을 사관학교에서 배우듯이 앞으로 의사결정을 하는 사람들도 '의사결정 아카데미' 또는 '의사결정 사관학교'에서 훈련을 받는 날이 온다. 이곳의 교과과정은 갑작스럽게 일어날 수 있는 사건사고를 대비한 상상력과 판단력, 문제해결 능력, 경험과 논리의 차이, 다양한 미래현상과 미래예측 실험 및 훈련 등이다. 미래사회는 첨단과학이나 전문가의 도움 없이 한 사람이 내리는 의사결정의 위험성을 경고한다.

미래컨설팅 회사 와이너에드리치브라운의 사장이자 미래학자인 에디 와이너Edie Weiner는 9·11 사태나 동남아시아에 재앙을 안겨준 쓰나미, 잘나가던 미국 기업 엔론Enron의 파산 등을 사전에 많은 사람이 예측하고 심지어는 그 사건이 국가에 미칠 영향까지 시뮬레이션으로 보여주었건만, 의사결정권자가 무시해버렸다고 밝혔다. 이런 사례는 광범위한 정보를 바탕으로 분석한 미래예측 보고서들이 기업이나 정부에 전달되지만, 올바른 의사결정을 돕는 시스템이 갖춰져 있지 않으면 그 많은 자료를 처리하지 못한다는 것을 말해준다.

⁞ 미래사회의 생존은 집단 의사결정 시스템에 달렸다

미국 코네티컷 주 퀸보그밸리 커뮤니티칼리지의 조크 맥클레런Jock

▲ 재레드 다이아몬드는 역사적인 사회의 붕괴를 보여주는 좋은 예로 이스터 섬의 멸망을 들었다. 지도자가 사회·문화·환경의 변화를 알아차리지 못했거나 그런 조짐을 무시하고 혼자 아집을 부린 데서 일어나는 일이라는 것이다. 사진은 이스터 섬의 모습.

McClellan 교수는 미래사회의 의사결정은 '집단참여collective anticipation' 방식이어야 한다고 말한다. 역사를 돌아봐도 한두 사람이 내린 잘못된 결정 때문에 회사가 망하고 문화가 사라지며 국가가 패망하고 문명이 소멸한 경우가 수없이 많다. 《문명의 붕괴》를 쓴 재레드 다이아몬드Jared Diamond는 문화나 문명이 갑자기 사라진 경우는 대부분 지도자가 사회·문화·환경 변화를 알아차리지 못했거나 그런 조짐을 무시하고 혼자 아집을 부린 데 기인한다고 밝혔다. 결국 미래사회의 승자는 의사결정 능력을 훈련받은 지도자가 집단 의사결정 시스템을 활용하는 사회다. 수많은 연구결과가 "인간은 집단일 때 더 현명한 의사결정을 내린다."고 말한다. 집단 의사결정 시스템이 든든하게 뒤를 받칠 때 미래사회에 닥칠 변화의 소용돌이 속에서 위험을 줄이고 도전을 이겨낼 수 있다.

특히 지구촌 전체를 아우르는 과제는 어떤 정부나 기관이 독자적으로 다룰 수 없기 때문에 여러 정부와 기업, NGO, 대학, 국제기구가 협력하고 참여하는 의사결정기구를 개발해야 한다.

4장

게임처럼
이루어질
사이버공간의
교육

미래교육 메가트렌드 9가지 • 교육혁명
이 다가온다 • 인터넷 글로벌대학에서
무엇이든 마음대로 배운다 • 집단지성
이 미래 교육기관을 대체한다 • 외국어
를 배울 필요가 없다 • '미래사회변화'
가 필수과목이 된다 • 음성인식기술이
글자의 기록 기능을 빼앗는다

HOUSING	STOCK	SCIENCE	HEALTH
WEB	POLITICS	WELLBEING	U.F.O

20 09	20 10	20 11	20 12
20 13	20 14	20 15	20 16

ENTER

미래교육
메가트렌드 9가지

● 학습공간이 다원화된다

미래의 교육은 학교의 울타리를 벗어나 가정과 지역사회의 모든 단체기관, 기업들이 동시에 학생들을 가르치는 양상으로 나아간다. 또한 사이버상의 교육, e-러닝, 웹 2.0 등 다양한 정보지식을 다루는 기관이나 단체, NGO 등이 학교운영, 교육과정, 과외활동 등에서 많은 역할을 분담하게 된다. 지식교육보다 인성교육이 강화되고 암기교육이 사라지면서 대부분 체험교육이 강화된다.

● 평가가 다양화된다

세계단일문화로 미래사회가 변하면서 사농공상士農工商 지위체계를 공상사농으로 바꾼다. 권력은 종교에서 국민국가, 기업으로 이동했다가 개인으로 넘어왔다. 국가가 권력을 쥐었을 때는 사농공상 체계로 공무원이 권력을 가졌지만, 권력이 개개인으로 옮겨가는 미래사회는 개개인의 가치관에 따라 성공과 실패의 개념이 달라진다. 기업에서 원하는 인재의 덕목이 창의성이라면, 일류대학과 좋은 직업과의 연계가 끊어지면 일류대학 선호도는 분명 떨어질 것이다.

● 맞춤형 개별교육이 이루어진다

미래의 학생들은 대부분 맞춤형 개별교육을 받는다. 'e-teacher' 즉 인공지능, 아바타 등이 학생들을 가르치게 될 것이다. 또한 특별한 재능이나 능력을 파악하기 위한 시뮬레이션 프로그램이 개발되어 학생들은 전적으로 교사에게 의존하는 것이 아니라 개인의 요구나 욕구, 능력이나 경력 등에 의한 개별화 교육으로 스스로 지적능력을 키울 것이다. 농경사회나 산업사회는 육체적인 힘을 중요시했으나, 지식정보화사회에서는 육체의 힘보다 지적능력이 중시되므로 다양한 지적능력 개선 프로그램이 개발될 것이다.

⦂ 교사가 다양화된다

제조업이 선진국에서 제3국으로 이동하고 나면, 선진국에 남아 있는 산업은 금융과 교육, 문화관광 등 서비스산업뿐이다. 그런 점에서 미래에는 교육이 가장 큰 산업이며, 교육 분야에서 일자리 창출이 이루어지기 때문에 미래의 교사는 인지과학자, 행동주의자, 첨단과학기술 전문가, 연예인 등 다양한 직종의 사람들이 맡게 될 것이다.

⦂ 평생교육이 실시된다

첨단기술 개발로 공장의 기계나 기기 변화를 따라가야 할 평생교육 체계가 도입된다. 대학 졸업 후 5~10년 일하다가 학교로 돌아와 1~2년 새로운 기술을 터득하고, 일자리를 옮겼다가 다시금 대학으로 돌아와 몇 개월 훈련을 받는 평생직업교육이 실시된다. 첨단기술의 빠른 변화로 인해 기존의 기술로는 일을 할 수 없기 때문이다. 중년층과 고령층이 평생교육의 장으로 흡수될 것이다.

● 네트워킹 능력의 미래 경영자 교육이 필요해진다

미래사회에서는 산업시대의 공장이나 사무실의 일자리가 줄어들면서 연맹, NGO 등 네트워크를 통해 스스로 일을 개발하고 조직을 만든다. 산업시대는 관리자 시대로 지시와 감독 등 수직구조로 효율성을 높였다. 그러나 정보화시대의 경영인은 관리자가 아니라 지도자로서 노동자로 하여금 능력을 발휘토록 했다. 그러나 미래사회인 디지털사회에서 경영자는 연결자Interweaver 역할을 한다. 네트워크 및 가상현실 속에서의 협력이 새로운 경제 개념으로 들어온다. 연결자는 네트워크 연결 및 업무촉진자로서 협력망을 구축하여 효율성을 높인다. 그러므로 교육에서는 관리자도 지도자도 아닌 네트워킹 능력을 가진 미래 경영인을 키워야 한다. 이것이 교육의 패러다임 변화다.

● 보이지 않는 대학들이 증가한다

2012년이면 유학이 필요 없는 지구촌 사이버 대학Wired University 천지가 된다. 미래형 대학은 학생 위주 또는 '시장 위주'가 된다. 사이버대학들이 주를 이루면서 스타 강사들을 고용하여 미디어를 통해 수업하게 된다. 맥 유니버시티Mac University는 맥도날드 같은 프랜

차이즈 커뮤니티 대학이고, 기업직원훈련소Educational Maintenance Org는 주요 기업의 요구에 맞는 맞춤식 직원 교육기관이며, 아웃소싱 대학Outsourced University은 도서관, 식당, 스포츠, 기숙사, 심지어 커리큘럼까지 아웃소싱하여 외부의 대기업 공급체들이 세계 각 대학의 모든 서비스를 제공하는 소수의 정규직원만 있는 대학이다. 창고 대학Warehouse University은 말 그대로 창고 같은 대학으로 기계화, 자동화, 그리고 제조업의 제3세계 진출로 인해 일자리를 구하지 못하는 학생, 인력시장에서 밀려난 젊은이들과 고령인구를 학교 안으로 흡수하여 정부가 지원하는 평생학생 창고가 된다. 그럼에도 소수의 지구촌 명문대학은 여전히 살아남아 지도자를 양성하고 고급 지식을 생산하는 일을 지속할 것이다.

● 오픈소스 교육이 열린다

하와이 대학 짐 데이토Jim Dator 교수는 10년 후 후기정보화시대에는 경제·군사 부흥을 위한 교육이 수명을 다하고, 교육의 목표는 창의성과 문화에 집중하는 교육으로 갈 것이라고 전망한다. 2012년 사교육비가 필요 없는 저렴한 사이버 통합대학들이 등장하면 대학 입학은 훨씬 수월해진다. 웹 2.0, 위키피디아Wikipedia, MIT 무료 사이버 강좌 등 무료 세계통합 사이버 대학의 입학이 손쉬워지고, 학력 위주 시대의 종말이 예견된다. 교육은 무료가 되거나 문화산업을 위한 오픈소스 공동 컨텐츠로 옮아갈 수도 있다. 온더호라이즌 웹사이트에서 보듯이 대부분의 교육과정이 이미 온라인에서 무료로 공개되고 있으며, 급속히 오픈소스화해가고 있다.

또, 유엔미래포럼 제롬 글렌 회장은 옷이나 안경 형태로 몸에 부착하는 사이버나우CyberNow를 통해 앞으로는 누구나 24시간 사이버공간과 연결된다고 전망한다. 사이버나우가 실현되면 웹의 영향력을 넘어서 사이버공간에서 지구촌 모든 사람이 하나로 이어지게 된다. 이 사이버나우는 세계 각국에 가장 효율적인 교육프로그램도 제공할 수 있다. 20억 명이 사용할 10분짜리 교육소프트웨어를 제작하는 데 드는 비용은 1억 달러다. 이는 지구촌 인구 한 명당 단 5센트일 정도로 저렴하다. 급기야는 지구촌 교육소프트웨어가 공유되고 모든 교육내용이 통합된다. 미래 교육은 대형 교육포털 사이트에서 정보를 무료로 꺼내 쓰는 시대가 올 것이며, 이때는 무엇보다 창의력 교육이 최대의 과제로 떠오르게 된다.

⦂ 게임으로 학습을 즐기게 된다

유엔미래포럼 회장 제롬 글렌은 미래에는 교과과목을 모두 게임으로 바꿔 가르친다고 주장한다. 게임의 원리는 단기 목표를 주고 성

▲ 미국 해군에서는 가상현실을 통해 낙하산 훈련을 한 지 오래되었다.

취할 수 있도록 하여 끌어들이는데, 미래의 교육은 이러한 게임의 기교를 응용함으로써 모든 사회현상이나 새로운 지식을 얻게 할 수 있다는 것이다. 마셜 맥루한Marshall Mcluhan은 "교육과 오락을 구분하는 사람은 교육의 '교' 자도 모른다."고 말하면서 게임의 재미를 통해 아이들이 학과 공부에 몰두할 수 있도록 연구해야 한다고 했다. 게임왕국인 한국이 세계 사이버교육 시장의 강자로 나설 수 있는 기회다.

'디즈니-MIT 컨소시엄' 이 만든 가상현실 속 바이오케미컬 사이버게임은 효과적인 과학교육 프로그램의 한 예다. 수백만 명의 학생이 여기에 접속해 역할을 맡아 게임을 하다가 적성에 맞는 학생이 눈에 띄면 개별적으로 집중교육을 시킨다. 사이버게임에서의 롤플레이를 통해 바이오케미컬 전략에 뛰어난 재능을 보인 학생을 선발하여 장학금을 주고 기업은 그들을 발탁한다. 이처럼 첨단과학기술을 순식간에 터득하게 만드는 게임 교육이 정보기술사회를 이끈다.

캘리포니아 주에서는 벌써 3, 4년 전부터 과학 포털 사이트를 만들고는 과학 교과서를 없애 버렸다. 또 테드 칸의 디자인월드 사와 잭 파크는 팀을 이루어 3D 교육 포털을 준비하고 있다. 머지 않아 모든 교육은 사이버 공간에서 이루어지리라는 것은 뚜렷한 일이다. 이런 미래뉴스를 접하다 보면 한국의 교육 현실에 답답함을 느끼지 않을 수 없다.

교육혁명이
다가온다

● **수많은 자료**를 어떻게 **사용**할 것인가를 **배워야 한다**

앞으로 10~20년 동안은 교육혁명의 시대가 될 것이다. 미래 교육 혁명은 인간이 아닌 기계나 가상현실이 아이들을 교육하게 되는 것을 의미한다. 그때가 되면 컴퓨터 옷을 입고 직장에서 실시간으로 정보와 접속하여 교육과 훈련을 받는다. 컴퓨터는 마치 공기처럼 일상적으로 작업을 지원하고 그 성과를 점검하게 된다.

복잡하고 어려운 작업도 컴퓨터 지시를 받아 처리하고 개개인의 성격과 취미에 따른 맞춤 훈련도 받는다. 첨단 하드웨어나 소프트웨어 개발로 인해 작업과정이나 교육이 첨단화되고 정교해져 인공지능, 음성인식 시스템, 통·번역기를 활용하는 교육이 이루어진다. 미래사회의 교육은 교과서를 송두리째 외울 필요 없이 매일 홍수처럼 쏟아지는 수많은 정보를 어떻게 받아들일지에 대한 비판적 사고, 통찰력, 이해력, 논리적 접근과 합리적 판단능력을 가르치게 될 것이다.

⁝ 시험 볼 때도 인터넷 검색이 가능한 PDA와 계산기를 쓰게 될 것이다

미국의 수학시험에서는 수년 전부터 계산기를 허용하고 있고, 캔

▲ 이런 시험장이 사라질 날도 오래지 않아 오겠지만, 선진국에서는 시험을 볼 때 이미 계산기를 사용하도록 하고 있고, 머지않아 인터넷 접속해서 정보를 이용하도록 할 것이다. 시험장에서 PDA를 쓰도록 하자는 논의는 이미 시작되었다.

자스 대학에서는 PDA로 인터넷 검색을 하지 않고는 시험을 못 치르게 하는 등 미래교육의 변화를 예고하고 있다. 암기교육은 종말을 고하지 않을 수 없다. 이제 학생들은 인터넷의 고급 정보를 활용해 스스로 무엇을 창조할 것인지를 궁리해야 한다. 외우기 잘하는 현재의 '공부 잘하는 학생'들이 사라지고, 대학에서는 '무엇이든 잘 만들어내는 학생' 즉 상품 창조나 지식 창조에 강한 학생들을 선별하려고 할 것이다.

엘리트주의가 사라진다

미래사회의 엘리트 교육이 사라진다. 미래사회는 엘리트를 원하지 않는다. 미래사회는 지도자가 없는 지도력으로 간다. 개인이 너무 똑똑해지고 권력 지향적이어서 한 사람의 지도자에게 만족하지 못한다. 교통·통신의 발달로 인구 이동이 쉬워지면서 국가 지도자를 만났던 사람들은 "그 사람, 뭐 별거 없어."라며 지도자를 경원시하는 1인 권력주의가 만연하기 때문이다. 다가오는 미래는 '쇼 사회Show-society'로 간다. 모든 사람이 페스티발을 즐기고 남에게 보여주는 것에만 신경을 쓴다.

학생들을 점수로 채점할 필요가 없는 미래가 오면 인간의 두뇌가 저장할 수 있는 지식보다 수십 억 배의 지식이 오픈소스로 무료 제공됨에 따라 대학은 똑똑한 학생보다 인간 두뇌 용량의 수천, 수만 배에 달하는 지식을 밤새도록 찾아다니는 부지런한 학생을 선호하게 될 것이다. 미래교육은 평생교육, 사이버 대학, 이동성 강화로 인한 다문화교육, 긴밀한 산학연계, 집단지능, 적시학습, 개별화교육, 영상 인터넷게임 세대를 위한 교육시스템 변화, 엘리트주의가 아닌 창의성 기르기 등으로 환경의 변화를 겪을 것이 분명하다.

⁝ 미래사회는 별난 사람이 환영받는다

미래사회는 정상적인 사람보다 오히려 사회상식에서 벗어난 조금 별난 사람을 환영한다. 판에 박힌 사고를 하는 아이들은 환영받지 못한다. 남과 다른 아이, 비정형화된 아이들이 현 체계 속에서 자신의 재능과 비범함을 끌어내어 인정받도록 하는 것이 미래의 교육이 된다. 혁신, 발명, 창의성을 가져야 성공한다. 남과 달라야 하고, 타인의 다른 점을 인정해야 하며, 다문화사회에 대한 거부감이 없어야 한다. 이를 위해서는 미래사회변화에 대한 감각을 배우는 것이 미래사회의 경쟁력을 키우는 지름길이다.

창의성은 하늘에서 떨어지는 것이 아니라 나와 다른 사람들로부터 배우고 모방하는 데서 나온다. 다문화사회가 창의적이고 경쟁력 있는 이유다. 현재 사고가 아닌 미래 사고를 하는 여러 사람들의 이야기를 듣는 것이 중요하다. 현재 존재하는 것만 배운다면, 그것은 '박물관사회museum-society', 즉 변하지 않는 냉동된 사회일 뿐이다. 미래사회 변화를 아는 것이 바로 힘이다.

03

인터넷 글로벌대학에서
무엇이든 마음대로 배운다

● 재택근무로 '홈스쿨'이 증가한다

미래사회에는 교육이 최대 산업이 된다. 농경시대에는 가족이 모두 함께 농사를 지었기 때문에 학교가 필요하지 않았다. 그런데 산업시대가 시작되면서 부부가 일터로 출근하게 되자 집에서 아이들을 양육할 수 없게 되었고, 학교를 통해 아동 교육을 시작했다.

그러나 현재 미국사회에서 여성의 재택근무가 40퍼센트에 이르고 있고, 2010년에는 60퍼센트에 육박하리라는 전망이 나오면서 집에서 아이를 키우는 '홈스쿨Home School'이 급속히 늘고 있다. 지미 웨일스Jimmy Wales도 홈스쿨을 하다가 온라인 백과사전인 위키피디아를 만들었다. 미래사회는 집 안에 머무는 엄마가 교육을 맡게 된다. 이처럼 학교의 울타리가 사라지고 지역사회 전체가 교육기관이 되는 교육의 변화가 일어난다. 홈스쿨은 무학년제이며, 재능을 발견하여 집중적으로 재능교육을 시킬 수 있는 장점이 있다.

● 가상학교가 증가한다

원격으로 모든 것을 할 수 있게 되고 온라인 다운로드가 가능하면 교과서의 필요성이 감소할 것이다. 교사-교실 형태는 온라인 가상현실 시뮬레이션, e-teaching 등 여러 기술진보에 의해 극적으로 변화될 것이다. 당연히 학습 시간도 더욱 유연해질 것이다. 갈수록 많은 부모들이 원격 근무를 하게 될 것이고, 그 결과 새로운 사이버교육에 대한 의존도가 커지면서 가상학교가 증가할 것이다.

● 온라인 무료교육이 미래교육을 변화시킨다

10년 후의 미래에는 학교에서 교사가 학생들을 가르치는 전통교육이 사라지고 개별화교육을 통해 아이들의 재능을 개발할 것이다. 하지만 한편으로 미래의 트렌드는 개별학습인 동시에 더욱 팀워크 중심의 학습으로 되며, 팀 중심의 상품생산이나 지식생산이 이루어질 것이다. 지식은 이미 웹사이트에 존재하므로 학생들은 지식을 배우는 것이 아니라 팀을 이루어 지식이나 제품을 생산하는 학습을 하게 될 것이다.

15년 후 미래의 학교에는 다양한 배경과 지식을 가진 학생들이 각기 다른 교육목표나 필요성을 위해 다닐 것이며, 교육정보 공유기관의 성격을 띠게 될 것이다. 학교는 다양한 욕구에 부응하는 전문성을 갖추지 않으면 소멸하게 되는데, 이는 전문성을 갖춘 학교가 온라인 웹사이트 화상교육 등으로 수십억 명을 한꺼번에 가르칠 수 있어 정부가 학교마다 학생 배당을 해줄 필요가 없기 때문이다. 특히 정부지원을 받는 학교들은 고령화사회로 접어들어 고령부양인구 증가와 교육예산 감소로 통폐합의 길로 가게 된다. 경제우선순위에서 교육의 재정지원 순위는 점차 밀려나는데, 그 이유는 온라인 접속 등으로 무료교육이 가능해지면 억지로 교육예산을 편성하는 것보다 우선 발등에 떨어진 고령인구 지원에 예산을 투입할 수밖에 없기 때문이다.

⦿ '인터넷2'가 글로벌대학 인프라를 구축한다

코넬 대학의 IT정책이사이자 인터넷2 기획위원회 의장인 트레이시 미트라노는 미래의 통합대학이 될 인터넷2에 대한 비전을 다음과 같이 밝혔다.

"나는 대학교수로 미래의 대학에 대한 환상을 가지고 있다. 그것은 바로 인터넷2로 가능해졌다. 인터넷2야말로 가상현실의 글로벌 통합대학이 된다. 전 세계 대학을 통합하는 글로벌 대학은 전 세계 어느 나라 학생이든지 받을 수 있고 누구나 참여 가능하다. 학생들은 4년 간 지구촌의 현안을 해결하는 대안을 공부하게 될 것이다. 학생들이 공부할 과제로는 지속가능한 환경, 즉 지구온난화 대안과 생물 멸종을 예방하는 방안, 국제범죄와 국제적인 갈등에 대한 법 제정, 글로벌이코노미를 통한 자원의 평등 분배, 교육기회 평등 성취, 다양한 문화전통을 지닌 지역사회 이해하기, 지구촌공화국 창설 등이다."

현재 미국의 인터넷2에서는 208개 대학과 마이크로소프트를 비롯한 70개 대기업이 컨소시엄을 이루어 글로벌대학 인프라를 만들고 있다. MIT는 수년 전부터 강좌를 무료로 올리면서 100여 개 대학과 국제 오픈코스웨어OCW 컨소시엄으로 무료 대학통합강좌를 시도하고 있다. 유네스코의 가상현실 통합대학에도 100여 개 대학이 참여하고 있다. 세컨드라이프닷컴www.secondlife.com에서는 하버드 대학, 프린스턴 대학, 오하이오 주립대학 등 수많은 대학의 학점 이수가 가능한 강좌를 개설했다. 위키피디아의 위키버시티는 이미 무료 포털 사이버대학으로 기능하고 있으며, 곧 모든 강좌를 오픈한다고 한다. 1970년대에 개교한 피닉스 대학은 건물 없는 사이버

대학으로 현재 20만 명의 학생과 1만 7000명의 교수를 갖춘 세계 최대 유료 사이버 대학이다. 특히 가상현실 사이트인 세컨드라이프닷컴에서 대거 교육 포털 사이트가 만들어지고, 3D 교육이 성공하면서 2015년이면 모든 학생이 이런 인터넷 포털 사이트에서 교육을 받게 될 전망이다.

집단지성이
미래 교육기관을
대체한다

⦂ 국가 집단지성 프로그램이 모든 학습을 대체한다

교과서나 교사의 지식이 아닌 바로 전날 밤 교육 포털에 업데이트
된 지식으로 공부하는 나라가 늘고 있다. 국가가 지식의 오류나
편견을 걸러낸 교육 자료를 모든 학생이나 교사가 공평하게 다운
받아 쓰도록 한다. 이미 몇몇 저소득 국가뿐 아니라 선진국들도
집단지성Collective Intelligence 개선을 국가적 목표로 삼았다. 여기에는
하나의 통합적 국가지능뿐만 아니라 각 개인의 능력을 개선하는
일도 포함되어 있다. 중국을 비롯해 몇몇 앞서가는 국가들은 이미
국가 집단지성 포털을 만들어 학생들이 정제된 지식과 정보를 꺼
내 보도록 준비하고 있다. 국가 집단지성 포털이 만들어지면 시골

학생과 대도시 학생이 같은 포털에서 날마다 업데이트된 세계적인 정보와 국가가 권장하는 정제된 지식만 받아갈 수 있게 된다.

모르면 언제든지 집단지성에 들어가서 무료로 찾아보면 되기 때문에 이제는 똑똑한 사람이라는 말이 사라지는 시대가 된다. 인간한 사람이 아무리 똑똑하더라도 집단지성의 지식만은 못하기 때문이다. 전문가들은 정보통신기술이 계속 발전하고 일반 대중의 인터넷 활용이 늘어나면 개별 국가마다 집단지성을 구축하지 않을 수 없다고 전망한다. MIT나 유사한 기관들에 의해 만들어지는 다운로드 가능한 오픈소스 집단지능 프로토 타입 프로그램들, 위키피디아와 구글 등의 비약적인 성공은 모두 집단지성에 바탕을 둔 것이다.

⁞ 적시학습Just-in-time Learning이 일상화된다

암기학습은 2030년에는 별로 중요하지 않게 된다. 앞으로는 '적시지식'이 일상적인 것이 된다. 개인화 학습에 대한 욕구, 인공지능 분야에서의 지속적인 발전, 모든 분야에서 급속하게 변하는 지식을 따라잡기 위한 유일한 방법은 이 적시학습의 실현뿐이다. 이러한 자각은 적시학습을 위한 집단지성의 대형 포털 사이트 실현을 촉진할 요소들이다.

인생은 너무도 복잡해서 알 필요가 있는 대상과 시점을 미리 아는 것은 거의 불가능하므로 적시학습만이 필요하며, 이를 위한 집단지성이 필연적으로 실현될 수밖에 없다. 생활에서 필요한 정보들은 그때그때 업데이트된 최신정보를 무료로 꺼내 와서 배우면 되는 것이지 미리부터 배울 필요가 없다. 앞으로는 이렇게 매일 변하는 최신정보를 교사와 학생들이 언제나 활용할 수 있게끔 인프라를 마련하는 데 전 세계가 경쟁하게 된다. 새로운 지식과 내용을 끊임없이 개정해야 할 필요성으로 인해 교육은 신속하고 실질적인 학습 과정을 요구한다.

우리는 학습 방법과 정보이용 방법에 대해 더 많이 배울 필요가 있는 반면, 특정 정보나 주제에 대해서는 덜 알아도 된다. 집단지성이 만들어지고 적시학습을 할 수 있는 도구, 즉 대형 지식 포털이 만들어지면 누구나 자신이 원하는 교육을 어디서나 받을 수 있게 된다.

개인화 교육이 가속화된다

개인화 교육은 인공지능과 컴퓨터의 빠른 발전에 힘입어 2030년에는 일상적인 것이 된다. 모든 개인은 잠재적으로 천재이며, 한 천재가 다른 천재와 다른 것은 아무것도 없다는 가정 하에 모든 사

람은 특별할 수 있다. 그렇게 되면 누구나 자신이 선택한 분야에서
최고가 될 수 있다.

05

외국어를
배울 필요가 없다

● 뜨는 학과와 지는 학과에 따라 교육이 변할 것이다

캘거리 의과대학 그레고 울브링Gregor Wolbring 교수는 2년 후에는 인공언어 칩이 개발·출시되어 칩만 장착하면 언어의 통·번역이 가능해진다고 예측했다. 음악 신시사이저와 음성인식 통역기를 발명한 레이 커즈웨일 박사는 2010년쯤 컴퓨터가 진화하여 나노 바이오를 통해 옷과 몸속에까지 들어간다고 밝혔다. 음성인식기기, 동시통역기기 등의 개발로 언어학습에 대한 수요가 줄어들면 외국어를 가르치는 학과는 사라질 위기에 처한다.

또한 제조업이 제3국으로 이동하게 되면서 제조업을 위해 만들어진 다양한 전공들이 사라질 수 있다. 선진국에서 살아남는 제조업이나 서비스 산업은 건설교통, 자동차, 금융일 것이다. IT통신은 빠르게 인도나 중국으로 옮겨가고, 유통업 또한 다국적기업으로 넘어가며, 조선과 철강은 가장 먼저 제3국으로 빠져나갈 것이다. 반면 생활과학대학이 가장 크게 성장하게 되며, 의과대학, 헬스케어, 시니어 산업의 교육인구가 증가할 것이다. 또한 두뇌공학, 인지공학, 심리학, 신사회과학 등에 더 많은 인력이 필요하게 된다. 제조업이 제3국으로 이동하고 기계화 · 자동화로 일자리가 줄기 때문에 인간을 관리하고 연구하는 일이나 인간을 대신해줄 인공지능과 인지과학 등에 대한 관심이 커진다. 게놈 지도가 나왔듯이 인간 두뇌의 뉴런 연결 패턴 등도 머지않아 밝혀진다. 인지능력 개발을 통해 복잡한 정보와 지능, 감정을 지니고 인공지능을 갖춘 기계의 디자인 방법과 학습의 속도와 깊이를 개선하는 방법 등도 개발될 것이다.

● 집시형 삶의 트렌드가 교육이주를 가능하게 할 것이다

미래사회는 독신주의와 다양한 가정 형태로 인해 원룸 등 소형집이 트렌드가 될 것이다. 특히 대규모 캠핑장 같은 곳에서 공동으로 일을 하고 텐트로 옮겨 다니는 새로운 집시형 삶이 트렌드를 이룰 것이다. 집은 평수가 작아지면서 공동체 생활공간이 늘어나는 추세로 진행될 것이다. 첨단기술로 무선인터넷을 사용하면서 움직이는 공간에서 생활하는 자동차파크, 트레일러파크 등도 유행할 전망이다. 이 경우 여러 학교를 손쉽게 전학하는 경우가 빈번할 것으로 예측된다.

2010년에 이르러 서비스산업 구조로 개편되면 대부분 24시간 오픈시스템으로 가기 때문에 서비스 종사자들이 일터에서 가까운 곳으로 손쉽게 이동하기를 희망하게 된다. 노동이주가 급속하게 진행되며, 서비스산업 구조의 특성상 수시로 일터가 바뀌는 경우가 많아진다. 부모의 노동이주와 함께 교육이주 또한 일어난다. 특히 다국적기업이 보편화되면서 다양한 국가로 이주하거나 잠시 동안 머무르는 국외 이주 등도 보편화될 수 있다.

06

'미래사회변화'가
필수과목이 된다

⦂ 미래에 뭘 **먹고살아야** 하는가?

어느 나라 사람들이나 가장 걱정하는 것은 바로 미래다. 과거가 아닌 미래에 뭘 먹고살아야 하는지, 그것을 위해 무엇을 공부해야 하고 무슨 사업을 해야 하는지에 대해 골몰한다. 이제 세계는 국내에서의 경쟁이 아닌 세계시장 속에서의 경쟁이기 때문에 국가는 국민들이 세계시장에 뛰어들어 무엇을 어떻게 해야 먹고살 수 있는지를 알려주어야 한다. 그러기 위해서 국가는 초·중·고등학교에서부터 그들이 살아갈 미래사회가 어떻게 변하는지를 의무적으로 교육시켜야 한다.

이를 위해 초·중·고등학교에서부터 '미래사회변화'란 과목을

▲ 포르투갈 리스본에서 열린 로보컵 2004 리그 게임. 발이 달려 있어서 걷거나 뛸 수 있는 로봇들이 하는 게임이다.

가르쳐야 한다. 교육부 교육과정에서 '미래사회변화' 란 과목을 추가하여 기술적 · 과학적 미래사회 예측을 소개함으로써 학생들이 미래사회가 요구하는 다양성을 주도적으로 탐색하고, 올바른 미래선택을 통해 진취적이고 행복한 삶을 영위할 수 있도록 도움을 주어야 한다.

⁞ 서구 30여 개국은 '미래사회변화'를 강의 중이다

조지워싱턴 대학 윌리엄 하랄 교수는 "2020년이면 정보시대
Information Age가 끝나고 지식 이상의 가치와 목표를 중시하는 영감의
시대Spiritual Age가 온다"고 전망하고 있으며, 유엔미래포럼 회장 제
롬 글렌은 "2015년이면 정보화사회가 끝나고 후기정보화사회, 즉
의식기술시대가 오며 옷과 안경 형태의 컴퓨터인 사이버나우를 통
해 24시간 사이버공간과 접속한다."고 전망한다. 또한 짐 데이토
교수는 "이미지와 심미적인 경험들로 이뤄진 '드림 소사이어티
Dream Society'가 정보·지식사회 이후 미래의 모습"이라고 보고 있으
며, 유엔미래포럼 고문인 테드 고든은 "지금까지는 외부 연구의 외
연 확대 과학이었다면 2010년부터는 두뇌 이해로 인간 연구가 시
작된다."고 전망한다.

이러한 전망을 통해 서구 30여 개국에서는 미래사회의 변화를
강의 중이다. 예를 들어 호주
는 교육부 홈페이지에서 '미래
를 위한 기술'을 교육 목표로
정하고 '지는 직종, 뜨는 직종'
정보를 올려놓아 국민들이 미
래를 준비해 나가도록 하고 있
다. 호주 정부는 '미래직업군

▲ 복강경 수술 로봇.

트렌드' 발표 후 교육과정도 조정했고 미래 직종이 대부분 고급기술 인력을 필요로 함에 따라 호주 교육부는 신산업·신직종 교육에 집중할 예정이다.

07

음성인식기술이
글자의 기록 기능을
빼앗는다

⁞ 미래는 말하고 보고 듣는 시대

《메가트렌드》와 《마인드 세트》의 저자인 존 나이스빗^{John Naisbitt}은
〈퓨처리스트〉 2007년 3~4월호에서 '후기문자시대인 미래^{The}
^{Postliterature Future}'라는 글을 기고했다. 여기서 나이스빗은 6000년을
이어온 문자의 시대가 종말을 고하고 있다고 보았다. 미국 최대의
서점 체인 반스앤노블은 소설 진열대에서 그래픽소설의 비중을 높
였다. 문자시대 세대가 사라지고 영상·비디오시대 아이들이 몰려
오는 변화를 반영한 것이다.

모든 선진국에서 신문 구독률이 떨어지고 있다. 유럽연합에서는
지난 5년 사이 신문 구독률이 5.26퍼센트 떨어졌고 일본은 3퍼센

▲ 화상회의를 할 수 있도록 만든 손목시계.

트 떨어졌다. 미국에서도 〈워싱턴포스트〉 구독률이 2005년부터 매년 3퍼센트씩 떨어졌고 〈LA 타임즈〉는 6퍼센트씩 추락했다. 이제 서른 살 이하는 신문광고를 전혀 읽지 않는다는 말도 들린다. 대신에 사람들의 관심은 비디오나 뉴미디어 영상·소리 등으로 다양화한다.

몇 년 뒤에는 음성인식기가 고도로 발달해 아침에 일어나면 자동으로 오늘의 뉴스가 들리고, "통과"라고 말하면 다음 뉴스가 나오며 "다시"라고 말하면 조금 전에 들은 뉴스가 다시 흘러나오는 시대가 온다. 이때가 되면 자신이 좋아하는 뉴스만 골라서 들을 수도 있고 "아직도 뉴스를 읽으십니까?"라는 말이 유행할지도 모른다. 신문의 몰락은 2010년쯤 시작될 것이며, 잡지 가운데는 전문잡지만 겨우 명맥을 유지하게 된다. 2018년쯤 완벽한 음성 인식기와 완벽한 목소리 저장기술이 나오고 저장용량도 크게 늘어 신문은 종말을 눈앞에 둔다. 방송언론매체는 2022년쯤이면 대형 연예홍보회사로 바뀐다.

'독서 소멸론'을 주장하는 〈뉴욕타임스〉의 마이클 로저스 미래학 대기자는 읽기가 완전히 사라지는 것이 아니라 긴 글을 읽는 행위가 사라지고 다들 짧은 글만 읽게 된다고 말한다. 또한 그는 미래에는 잠자리에서 일어나면 멀티미디어나 로봇이 출근을 준비하는 주인에게 기사를 읽어주거나 이메일이나 휴대전화 메시지로 뉴스를 접하고, 사진만으로 된 잡지를 읽는다고 예측했다.

《VIVO^voice-in/voice-out: 말하는 컴퓨터의 시대가 온다》의 저자 윌리엄 크로스맨^William Crossman은 2050년이 되면 모든 사람이 문자 없이 말과 목소리로 모든 것을 한다고 말한다. 컴퓨터가 소리로 검색까지 해주면서 글쓰기나 읽기는 말이나 멀티센서컴퓨터로 대체되어 문자문화가 아닌 구술문화^oral culture로 되돌아간다는 것이다. 이때가 되면 문맹은 없어지고, 말로 모든 것을 저장하고 검색하고 되돌려 들을 수 있으며, 동시통역기가 나와 외국어를 배울 필요가 없다. 문자 대신 말하기, 듣기, 보기, 서명하기로 모든 것이 이루어지는 것이다.

❖ 이제 **문맹**도 **박사학위**를 딴다

미국 국방부와 정보국의 컨설턴트를 지낸 에드워드 루트워크[Edward Luttwak]는 요즈음 많은 사람이 글을 읽기보다는 사진을 보고 의사결정을 한다고 본다. 그는 "영상시대가 오고 글자의 시대가 가는 마당에 앞으로는 글을 쓸 필요도 알 필요도 없어진다."라고 주장했다. 첨단기술 시대에는 최고급 지식교육을 받은 새로운 문맹이 생길 수도 있다. UCC 공유 사이트 유튜브[http://www.youtube.com] 가입자 수는 2005년에 이미 2000만 명이 넘었고 휴대전화 이용자는 20억 명에 달하며, 소셜네트워킹 사이트 마이스페이스[http://www.myspace.com]는 2004년에 오픈하여 6700만 명의 회원이 있고 매일 25만 명이 이용한다. 애플 사는 뮤직스토어 '아이툰[iTune]'에서 매달 2억 곡의 음악을 팔고 있다. 머지않은 미래에 글자 한 자 쓰지 못하는 문맹도 박사학위를 받는 시대가 온다.

미래학의 아버지 짐 데이토 교수에게 듣는 미래뉴스의 가치

"미래뉴스를 바탕으로
새로운 계획을 마련하라!"

짐 데이토 James Allen(Jim) Dator 미래학의 아버지라 불리는 세계적인 권위자로, 40년간 미래학 강의를 해왔다. 앨빈 토플러와 같이 미래학을 시작했는데, 친구인 앨빈 토플러는 기업컨설팅 쪽으로 나가 돈을 벌었고 자신은 학교에 남아 연구를 계속했다. 현재 하와이 대학 미래전략센터 소장이자 정치학과 교수, 세계미래학회 회장이다. 또한 국가미래전략기구 설치 전문가, 법률·교육·첨단기술 미래예측 전문가, 북미·동남아·태평양 정치경제전략 전문가, 방송과 정치의 역학관계 전문가로, 미국의 30여 개 주정부 미래전략고문으로 활동하고 있다.

⁞ 한국에서는 왜 미래사회변화 예측을
국민설득용으로 쓰지 않는지 모르겠다

박영숙 먼저 미래사회의 변화에 대한 메가트렌드를 짚어보고, 한국에서 크게 대두되고 있는 사회문제들의 대안에 대해 이야기를 나누어 보고 싶습니다. 데이토 교수님은 1967년에 세계 최초로 버지니아 공대에서 미래학 강좌를 개설하셨고, 1970년에 하와이 대학

에서 미래학 강좌 개설, 1971년 하와이 주정부 지원으로 하와이 대학에 미래학 연구소를 만들어 지금까지 45년 동안 소장으로 계시면서 미래학을 연구해왔습니다. 그동안의 연구를 바탕으로 미래사회의 변화, 미래 연구의 필요성, 또 메가트렌드를 짚어주신다면 어떤 것들이 있겠습니까?

데이토 한국에서 발견한 이상한 점은 정부가 사회문제를 진단하고 대안을 수립하여 발표하면서 미래사회 모습을 국민설득용으로 제시하지 않는다는 점입니다. 가령 부동산 문제나 과외 문제는 미래사회 변화만 제시해도 손쉽게 해결이 가능하거나 국민을 설득할 수 있습니다.

서구 대도시들은 이미 인구가 줄어들면서 생기는 도시 공동화 문제를 논의하고 있습니다. 사람이 줄어들면 부동산 거품은 저절로 빠질 수밖에 없습니다. 과외 문제도 비슷합니다. 앞으로는 세계통합 사이버 대학이 등장할 것입니다. 각자가 배우고 싶을 때, 배우고 싶은 것을 인터넷을 통해 거의 무료로 얼마든지 배울 수 있게 해주는 대학입니다. 이런 문제들에서도 보듯이 똑똑한 정부라면 미래가 어떻게 바뀌는가를 보여주면서 단기적인 대안을 내놓고 국민을 설득할 수 있습니다. 미래사회가 바뀌는 모습을 그려 보여주고 그런 변화에 어떻게 대비해야 하는지를 설명하면서 대부분의 사회갈등에 대한 정책이나 처방을 내놓는 것입니다. 그래서 이미 많은 나라가 국가미래기획원을 두어 시시각각 바뀌는 상황을 점검하고 미래사회의 모습을 예측하여 준비하고 있습니다. 그러므로 정부 정책은 이런 미래사회의 변화 예측에 바탕을 두어야 합니다. 그러지 않으면 실패를 거듭할 수밖에 없습니다.

메가트렌드로 이야기를 돌려보겠습니다. 백인 사회에서는 아직 잘 못 느끼는 것 같습니다만, 백인 문명은 곧 수명을 다할 것입니다. 바로 인구 문제 때문입니다. 100년 전에는 지구촌 인구 가운데 50퍼센트가 백인이었지만, 지금은 겨우 15~20퍼센트일 뿐입니다. 50년이 지나면 그 수치는 2~3퍼센트까지 줄어듭니다. 이렇게 되는 가장 큰 요인은 저출산입니다. 그때가 되면 세계 인구의 97퍼센트가 아시아계, 아프리카계, 라틴계라는 이야기입니다. 게다가 첨단통신사회가 되어 지구촌이 하나가 됩니다. 정보 공유·접속평등이 이루어지고 지식이나 정보가 오픈소스화되어 무료가 되면 '숫자'가 무척이나 중요해집니다. 겨우 3퍼센트밖에 안 되는 백인의 힘이 엄청나게 줄어들 수밖에 없는 것이죠. 그렇게 보면 서구 백인 문명은 이미 끝나간다고 봐도 지나친 말이 아닙니다. 유럽, 미국, 캐나다만 해도 곧 백인들이 소수 인종이 됩니다. 내 자식들이 아시아를 연구하는 이유도 바로 이런 생각 때문입니다.

● 인터넷대학에서 언제 어디서나 마음대로 대학교육을 받을 수 있게 된다

박영숙 교육의 미래에 대해서 좀 살펴보지요. 한국에서 과외가 사라진다고 예측하셨는데, 이미 온더호라이즌닷컴이라는 교육의 미래를 짚어보는 웹사이트에서 리눅스가 오픈소스 바람을 일으킨 이후, 교재나 강의노트를 비롯한 모든 지식 정보를 무료로 제공하는 일이 트렌드가 되고 있습니다. 이미 MIT^{http://ocw.mit.edu}에 들어가면 모든 강의가 무료입니다. 또 미국의 수능시험인 SAT에서 전자계산기를 허용했고 이어 모든 인터넷 검색이 가능한 PDA 사용을 허용하자는 논의가 진행 중입니다. 인터넷 검색으

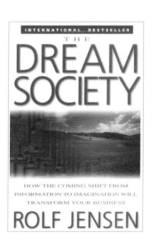

▶ 《드림 소사이어티》의 저자 롤프 옌센은 인류 사회가 드림 소사이어티로 진화하게 되는 두 가지 신호를 말한다. 하나는 정보는 공짜로 만들어져서 퍼뜨려질 것이며, 감정이 상업화되리라는 것이다. 그 결과로 소비자는 물건을 사는 것이 아니라 삶과 이야기가 담긴 감정을 사게 된다. 옌센은 감정을 파는 시장을 여섯 개로 나누었다. 모험, 사랑과 우정, 돌봄, 자기정체성, 평화로운 마음, 믿음 또는 확신이 그것이다. 그러면서 어떻게 그런 물건을 만들어내고 팔게 되는지를 자세하게 설명한다.

로 한 명의 교사가 아는 지식보다 수백 수천 배나 많은 지식을 가지고 시험을 치르는 시대가 오면 교사의 역할은 달라질 수밖에 없습니다. 교사는 매일 밤 인터넷에서 새로운 정보를 검색하여 학생들과 지식을 나누는 사람으로 진화해간다는 데에 모든 미래전문가가 동의하는 듯합니다.

데이토 교육의 의미와 그것이 발전해온 발자취를 살펴보지요. 우선 과거 농경사회에서 교육은 지금처럼 직업을 구하는 일과 전혀 상관이 없었습니다. 당시는 성직자 같은 종교지도자를 교육하는 것이 교육기관의 역할이었습니다. 그 뒤 3000~5000년의 농경사회가 지나면서 왕권국가에서 국민국가가 탄생했고, 산업혁명을 이끌던 국가들이 경제부흥이나 군사강국을 만들기 위해 교육을 시작했습니다. 독일 등 유럽 국가와 미국, 일본 등이 부국을 목표로 교육을 시작한 것입니다. 그러나 200년의 산업시대가 끝나고 정보화시대로 들어서면서 국가가 교육을 경제부흥과 연결시키는 현상이 변하고 있습니다. 약 10년 뒤 후기정보화시대, 즉 드림 소사이어티dream society의 시대로 넘어가면, 국가의 경제·군사 부흥을 위한 교육이 수명을 다하고 창의성과 문화에 집중하는 교육으로 나아갈 것입니다. 이미 똑같은 물건을 똑같은 공장에서 만들어도 마이클 조던이 신는 신발은 그 이미지 때문에 몇 배나 값이 비쌉니다. 사람들이 물건을 사는 것이 아니라 물건에 담긴 이미지와 스토리를 사기 때문입니다.

현재 서구의 교육 주기를 보면 겨울방학은 짧고 여름방학이 길며 모든 것을 가을에 시작합니다. 이는 농경시대에 정해진 주기로, 여름에는 모두 농사에 참여하느라 학업을 쉬었기 때문입니다. 그러나 농경시대가 끝나면서 이 주기 또한 바뀔 필요가 있습니다. 후기정보화시대에는 학교의 울타리가 허물어져 원하는 곳에서 다양한 시간대에, 다양한 기간 동안 공부를 하게 됩니다. 그리고 배우는 속도가 빠른 학생은 몇 개월 만에 졸업할 수도 있고, 중간에 직장을 다니다가 학교로 돌아오는 경우에는 몇 년 만에 졸업하기도 하는 등 유연성이 생길 것입니다. 24시간 온라인에서 공부하고 학기가 사라지는 유연한 대학 운영은 미래의 거역할 수 없는 흐름으로 다가오고 있습니다.

박영숙 유럽에서는 대학통합의 밑그림이라 할 '볼로냐 프로세스'가 시작되어 45개국의 6000개 대학, 3200만 명의 대학생이 학점 교차 인정을 받게 됩니다. 이를 위해 각국의 대학 교육과정을 정비해 이미 대학은 3년, 석사과정은 2년, 박사과정은 3년으로 표준을 정한 바 있습니다. 평생교육과 대학 혁신, 연구개발 공동추진, 학점 인정을 위해 지금 유럽은 이미 대학품질인증시스템을 개발하는 데 전력을 다하고 있습니다. 유럽의 대학통합은 세계 대학통합으로 이어지는 엄청난 패러다임 변화이지요. '인터넷

2'를 기반으로 지구촌통합 사이버 대학도 곧 나오게 됩니다. 2023년 극초음속 비행기가 지구촌을 두 시간대로 연결하면 엄청난 교육이주, 노동력이주가 일어날 것입니다. 이미 구글이나 위키피디아 등은 개개인이 자발적으로 지식과 정보를 올리고 정리하며, 미래의 학생은 교사에게서 배우는 것이 아니라 인터넷에서 혹은 친구들끼리 배운다고 합니다. 또 대학은 오프라인이나 온라인에서 함께 세계통합으로 가고 있습니다.

음성인식기를 발명한 미국 최대 발명가 레이 쿠즈웨일은 2010년에 컴퓨터가 사라질 것이라고 예측했습니다. 전자부품이 작아져 옷이나 안경, 몸에 들어가면서 우리는 하루 24시간, 1년 365일 인터넷과 연결된다는 것입니다. 실제 현실과 가상현실을 구분하기 힘들어지고 인간은 가상현실 속 인간들과 교제하며, 동시통역이 가능해져 언어의 장벽도 사실상 사라진다고도 합니다. 유엔미래포럼 제롬 글렌 회장도 2015년이 되면 지구촌 학생들은 옷과 안경의 형태를 띤 컴퓨터인 사이버나우를 통해 하루 종일 사이버 세상과 연결될 것이라고 말합니다. 또한 사이버 첨단과학교육이 교육의 중심이 되며, 새로운 세대들은 유전자공학 등을 게임으로 배우고 사이버게임장이 취업의 통로 역할을 한다고 봅니다. 전화교환수나 코닥필름이 사라지듯이 우리의 대학도 새로운 형태로 진화할 것입니다.

데이토 피닉스 대학은 세계 최대 대학입니다. 미국의 피닉스 주와 아무런 상관이 없고 피닉스, 즉 재 속에서 살아 날아오르는 신화의 불사조를 의미합니다. 지구촌 수백만 명이 피닉스 대학의 학생입니다. 이 대학은 건물도, 교실도 없습니다. 10년 전부터 본격적으로 성장하기 시작했는데, 처음에는 교회, 도서관 등 오프라인 공간에서 만나 교육을 받았습니다. 교수들은 직책이나 임기 없이 그저 자신의 전문분야를 가르칩니다. 이제는 대부분 온라인으로 옮겨갔는데, 대학건물을 지을 필요가 없고 교직원 월급도 필요 없는 경제적인 형태의 미래형 대학입니다.

미래형 대학은 고객, 즉 소비자나 시장 위주로 갈 듯합니다. 대개는 사이버 대학일 텐데, 멀티미디어를 통해 스타 강사들에게 수업을 받고 높은 생산 가치를 겸비하여 '교육+재미edutainment' 를 특성화한 대학들입니다. 예를 들면 맥 유니버시티Mac University가 있습니다. 이는 저렴하고 손쉽게 접근이 가능한, 맥도날드 햄버거처럼 프랜차이즈 형태의 커뮤니티 대학들입니다. 기업직원훈련소Educational Maintenance Org 같은 곳도 있는데, 이런 교육기관은 주요 기업의 요구에 맞게 직원을 교육합니다. 아웃소싱 대학교Outsourced U도 있습니다. 말 그대로 모든 것을 아웃소싱으로 해결하는 대학인데, 도서관, 식당, 운동시설, 기숙사, 심지어 커리큘럼까지 아웃소싱합니다. 외부 기업이 세계 각 대학에 온갖 서비스를 제공하며 정규직원은 소수로 운영됩니다. 정부에서 지원하여 운영하는 웨어하우스 대학$^{Warehouse U}$, 이른바 창고형 대학도 있습니다. 기계화와 자동화, 또 제조업의 제3세계 진출로 일자리 구하기가 막막한 학생들이나 인력시장에서 밀려난 젊은이, 고령 인구를 학교로 불러들여 직업이나 직장과 무관하지만 재미있고 유익한 과목을 가르치는 평생교육기관입니다.

또 제가 가르치는 국제우주대학$^{International Space University}$이 있습니다. 프랑스에 자그마한 본부가 있지만 모든 사람이 온라인으로 공부하고 단지 여름에 몇 주 동안만 지역을 돌면서 수업하는 학교입니다. 학생들은 다양한 전공의 대학원생들인데, 다국적·다문화로 이루어져 있고 나이만 가지고는 교수와 학생을 구분하기 어려운 학교입니다. 이곳에서는 모든 전공자, 모든 전문가가 우주시대에 대비한 우주문명 건설, 우주시대에 필요한 기술들을 이야기합니다. 미래형 대학의 한 모델이죠.

⋮ 모든 교육이 컴퓨터게임처럼 이루어질 것이다

박영숙 제롬 글렌 유엔미래포럼 회장은 미래의 교과과목이 모두 게임으로 바뀐다고 합니다. 생명공학게임 속으로 대기업 인력관리팀이 들어가서 게임에서 창의력을 발휘하는 인재를 발견하여 채용하는 날도 온다고 말합니다. 현재도 대학생들은 많은 시간을 컴퓨터게임에 쓰는데, 컴퓨터게임에 중독되는 이유는 게임 제작자의 계산에 따른 것입니다. 게임 제작자는 사람들이 매뉴얼 없이도 직접 해보면서 배울 수 있도록 게임을 만듭니다. 하지만 제작자는 '들어가기는 쉽지만 통달하기는 어렵게' 설정을 해놓습니다. 그래서 게임은 처음에는 쉬워 보이지만 어느 수준을 넘어가면 어려워지고, 그러면서도 단기 목표가 있어 조금만 더하면 통달할 수 있을 것처럼 만들어 사람들을 끌어들입니다. 미래의 교육은 저런 게임의 방식으로 이루어지고, 새로운 세대는 게임으로 모든 사회현상이나 새로운 지식을 얻게 된다고 주장하는 사람도 많습니다. 이처럼 우리가 지금으로선 이해하기 힘든 세상이 정말로 올까요?

데이토 저는 그렇다고 확신합니다. 대부분의 교육은 평생교육이 되고 수요자 중심으로 바뀝니다. 그러니 게임처럼 재미가 있어야 미래의 학생들을 끌어들일 수 있습니다. 학생, 교사, 학부모 모두가 재미를 느껴야 교육이 가능해집니다. 지난 수백 년 동안 학습과 재미, 일과 놀이가 나뉘어 있었지만, 이미 그 두꺼운 벽은 흔들리고 있습니다. 마셜 맥루한은 "교육과 오락을 구분하는 사람은 교육의 '교' 자도 모른다."고 말한 적이 있습니다. 그 말대로 되는 날이 올 것입니다.

우리가 게임 제작자들에게 배워야 할 가장 중요한 점은 사람들을 게임에 끌어들여 몰두하게 만드는 방법입니다. 말씀하신 대로 게임은 배우기 쉽지만 완전정복은 어렵게 되어 있습니다. 대단한 기술이지요.

미래의 학생은 맞춤교육을 받게 되며, 현재의 교육기관은 사라지거나 형태가 완전히 바뀔 테고, 전공 개념도 없어질 것입니다. 특히 최고의 교수진을 갖추고 있고 돈도 별로 들지 않는 지구촌통합 사이버 대학에 사람들이 몰릴 것입니다. 게임하는 사람들이 자신이 좋아하는 게임을 고르듯 사이버강좌도 재미있는 쪽으로 몰릴 텐데, 지금의 대학들은 이번 현상에 저항하려 할 것입니다. 그러나 곧 교육의 변화는 현실이 되어 교수, 출판업자, 학습기관들이 영화의 경우처럼 비평가들에게 '별 다섯 개'를 받으려고 애쓰는 시대가 올 것입니다.

⁞ 생각해보면 **부동산 문제** 해법도 **간단**합니다. **사람**이 줄어들 테니까요!

박영숙 한국 부동산 문제에 대한 해법이 있다고 하시는데 그 이야기를 좀 해주시죠. 미래에는 부동산 문제가 생기지 않는다는 것은 인구 감소에서 실마리를 찾을 수도 있을 것 같습니다. 한국 인구를 산술적으로만 보면, 출산율이 1.10명 수준으로 계속가고 다른 변수가 없다면 2305년쯤에 '한국인'이 사라진다는 인구예측통계가 있습니다. 일본 정부도 '총인구 장래추계'에서 출산율 1.29명 상태가 계속되고 이민 등 국제간 인구이동이 없다고 가정할 때 3300년에는 마지막 일본인이 숨을 거둔다고 발표했습니다. 한국의 출산율을 1.10명으로 넣고 시뮬레이션해보면, 인구 자연감소가 2015년부터 나타나며, 2040년부터 인구예측 포물선이 급강하합니다. 2005년 4800만이던 인구가 2050년에는 3400만, 2070년에는 2400만, 2100년 1000만, 2150년 290만, 2200년 80만, 2250년 20만, 2300년 6만 명이 됩니다. 게다가 상황을 더욱 어둡게 만드는 두 가지 변수는 한국여성개발원 조사에서 반드시 아이를 낳겠다고 한 가임여성이 2003년 56퍼센트(출산율 1.19명)였다가 2005년에는 23.4퍼센트로 급감했으며, 세계에서 유일한 해외 조기유학도 크게 늘고 있습니다. 이렇게 인구가 줄어든다면 부동산 문제가 생길 리 없겠지요.

데이토 사냥을 하던 원시시대에는 평균수명이 18세여서 나뭇잎으로 집을 지어도 충분했습니다. 농경시대는 평균수명이 25세 정도였는데 흙집을 지으면 충분했지요. 그러다가 농경시대 후반에 평균수명이 35세 정도로 늘면서 주택이라는 개념이 생겨나, 20~30년 살 수 있도록 나무나 돌을 써서 집을 짓게 되었습니다. 이것이 지금까지 주택의 전통으로 남아 있습니다. 지금도 20년이 되면 주택 수명이 다한다고 보는데, 미래사회의 평균수명은 2030년에 100세가 됩니다. 인간은 어차피 100년을 한 집에서 살기 싫어할 뿐만 아니라 100년 동안 수리하지 않고 살 수도 없기 때문에 주택은 접속과 이동성을 향상시키는 형태로 바뀝니다.

일본 인구는 2010년부터 자연적으로 감소한다는 예측을 깨고 이미 2005년부터 4만 명 감소했습니다. 마찬가지로 한국 인구도 자연감소 시기가 2015년쯤이라고 전문가들이 말하지만, 2009년부터 시작될 수도 있습니다. 그렇게 된다면 당장 닥칠 일입니다. 서울도 세계의 다른 대도시처럼 대도시 공동화를 걱정할 때가 되었습니다.

정부가 부동산 문제 대안을 제시할 때 반드시 인구감소가 가져올 미래사회의 그림을 국민들에게 보여주어야 성공할 수 있습니다. 또 첨단기술 · 교통 · 통신 발달과 재택근무 등으로 도심인구가 주변 지역으로 흩어지게 되며, 사람들은 집을 사서 소유하기보다는 임대해서 살려고 합니다. 주택은 갖고 있어봐야 세금만 많이 물게 되는 거추장스러운 재산인데다 수리하고 관리해야 하는 부담도 만만치 않기 때문입니다.

또 이미 유럽에는 유목민처럼 돌아다니며 사는 신新집시문화가 만들어졌습니다. 영국의 아키그램Archigram이라는 건축가 그룹은 10년만 지나도 대형 콘크리트 빌딩이 사라지기 시작할 것이며, 100년 이상 살 수 있는 건물을 만드는 일은 쉽지 않기에 아예 빌딩이 없는 사회로 가리라고 보면서 그런 트렌드에 대비하고 있습니다. 하와이 대학의 한 건축학자는 미래주택 트렌드를 주제로 논문을 썼는데, 미래주택은 콘크리트 빌딩이 아니라 '제2의 피부'로 불리는 백팩^{backpack}이 될 것이라고 전망했습니다. 미래사회는 곳곳에 전기나 수도가 설치된 캠핑장 천지가 될 것이고, 사람들은 아주 튼튼하면서 따뜻하고 시원한 바람이 나오는 텐트를 등에 지고 이곳저곳으로 돌아다닌다는 것입니다. 약간의 전기세와 수도세만 내면 정부가 곳곳에 마련해둔 캠핑장에서 자신이 살고 싶을 때까지 살게 됩니다. 이는 새로운 세대가 아이를 적게 낳을 것이기에 가능한 일이지만, 반대로 언제 어디서나 쉽게 이동하며 살고자 더욱 아이를 낳지 않으려 할 수 있습니다. 유럽 집시들은 방학 중인 학교 건물에 수백 명이 몰려들어 머물다가 떠나곤 합니다. 앞으로 단순한 소비자에 머물지 않고 스스로 제품을 만드는 데 참여하는 프로슈머^{Prosumer}가 많아지듯이, 주거문화도 스스로 자신이 원하는 곳에 텐트를 치고 자유롭게 머물다 이동하는 방식으로 바뀌게 됩니다. 건물의 수요가 줄면 건설 산업은 다른 인구과밀국가로 진출할 필요가 있습니다. 인도와 중국이 대표적이겠죠.

⋮ 미래사회에서는 온전히 개인에게
권력이 돌아가게 된다

박영숙 미래사회는 지도자 없는 지도력으로 간다고 합니다. 영국문화원
〈2020 보고서〉는 200년을 이어온 대의민주주의가 수명을 다하
고 신新직접민주주의 또는 전자민주주의가 온다고 했습니다. 인
터넷, 휴대전화, 블로그, 아이팟, 팟케스팅Podcasting 등 다양한 뉴
미디어의 등장과 지구촌 단일문화로 인해 지역 유권자들의 성향
파악은 힘들어집니다. 지역 주민의 다양한 관심사와 가치관을
한 사람의 국회의원이 전부 대변할 수는 없으며, 국민들도 더 이
상 지역구 국회의원이 자신을 대변한다고 생각하지 않게 됩니
다. 의견수렴은 전자투표로 하고 법은 따로 전문가들이 만듭니
다. 〈포린 폴리시Foreign Policy〉 2005년 9~10월호에서도 정당정치
는 2040년이면 사라질 것이라고 말합니다. 미래사회는 개개인
이 아주 똑똑해지고 직접 권력을 가지려 하기 때문에 한 사람의
지도자에게 만족하지 못한다고 합니다. 또 교통과 통신 발달로
인구이동이 쉬워지면서 국가지도자를 만났던 사람들은 "그 사
람, 뭐 별거 없어." 하면서 지도자를 가볍게 보는 1인 권력주의
가 만연하리라고 합니다.

데이토 역사적으로 지도자의 부상을 정리해봅시다. 사냥을 통해 자연에

서 먹을거리를 구하던 시절에는 지도자가 없었습니다. 나이가 든 사람들은 현명하고 젊은이들은 사냥을 더 잘하는 식으로 각자의 역할이 있었을 뿐입니다. 그러다가 5000년 전 농경시대가 시작되면서 사회 엘리트가 생기고 문명이 발달하면서 지도층이 생겨났습니다. 지도층의 힘은 선지자의 말을 받아 적은 글과 책을 소유하고 이를 하층계급에게 가르치면서 생겨났습니다. 그때만 해도 체계화된 종교는 없었지만 정치지도자들은 상속과 세습, 전통에 의해 지위를 보장받았습니다. 그러나 산업시대에는 하층계급인 농부와 상인이 부상하면서 혁명이 일어났습니다. 프랑스는 혁명을 거쳐 국민국가, 즉 공화국을 세워 산업사회를 운영할 국가로 키워갔습니다. 현재 우리는 역사상 처음으로 경제를 가장 중요시하는 세상에서 살고 있습니다. 그러나 이 시대는 곧 끝이 납니다. 미래사회는 또다시 자유시민이 중심에 서는 시대, 국가의 힘이 빠지고 개개인의 자유가 가장 우선시되는 시대가 옵니다. 그러나 왕권을 가진 사람들이 끝까지 저항했듯이 산업시대를 이끌던 국가나 대기업은 이런 개인중심사회의 도래에 끝까지 저항할 것입니다. 하지만 이미 미래 트렌드는 개인중심사회로 가고 있으며, 이미지가 중심이 되는 꿈을 파는 사회로 가고 있습니다. 문화연예사회의 도래가 그것입니다. 국가의 권위가 사라지고 국가지도자의 말을 아무도 듣지 않으며 국민들에게 이래라 저래라 해야 할 당국이 사라지는 시대가 20~30년 후에 옵니다. 또한 직접민주주의·전자민주주의에 의해 정치인과 정당은 수명을 다하게 됩니다.

⸭ 대기업이 사라진다

박영숙 미래에는 대기업이 사라진다고 합니다. 2006년 3월에 나온 〈IMB 2020 보고서〉 글로벌혁신아웃룩global Innovation Outlook 2.0은 4개 대륙에 걸친 15개의 심포지엄, 33개국 248명의 최고경영자, 178개 정부기관, 기업인 등과 가진 심층 인터뷰를 통해 만들어진 기업의 미래예측입니다. 그 보고서에 따르면 산업시대에 만들어졌던 기업 형태, 즉 대기업이나 다국적기업은 소멸한다고 합니다. 그러면서 고용주, 고용인, 노동자, 취업, 기업, 회사, 일터 등의 개념은 상상할 수 없을 만큼 바뀌게 됩니다. 더 많은 권력을 원하고 자신의 존재를 적극 알리고자 하는 개인들은 자신의 야망을 실현하기 위해 그룹을 이루거나 인적 네트워크를 형성할 것입니다. 기존에 회사 내에서 학연과 지연을 중심으로 형성되던 네트워크는 이제 관심사별로 재편됩니다. 통신 발달로 시간과 장소의 구애를 받지 않게 되면서 네트워크는 다양하고 엉뚱한 생각의 사람들을 이어주어 사회를 변화시킵니다. 기구나 조직을 만들더라도 단일 국가에 한정하지 않고 지구촌 국제기구를 목표로 삼습니다. 미래에 사람들을 움직이는 힘은 의무가 아니라 '열정'이나 '관심'이며, 미래사회 직장인은 기업에 대한 충성심보다는 자신의 성취감이나 사회공헌에 대한 자긍심이 더 강해질 것입니다. '내게 충성하고 열심히 일하면 네 가족을 책임져주마'라는 개념의 기업은 사라진다는 것입니다. 기업과 고용인의 관계는 한시적이 되고 평생직장·평생직업은 사라지며, 사람들은 자신의 평판을 위해서 일하게 됩니다. 또한 자신을 신뢰하는 사람들과 그룹을 이루면서 휴먼캐피털보다 '평판자산 reputation capital'을 더 중요시하게 됩니다.

고용주와 고용인은 프로젝트를 같이하는 동반자 관계로 나아갑니다. 전통적으로 기업은 기업주 혼자서 할 수 없는 목표를 달성해주는 인재활용에 초점을 두었지만, 이제 아웃소싱, 오픈소싱, 네트워킹을 통한 1인 기업이 대세를 이룰 것입니다. 1인 기업은 의사결정이 쉽고 행동이 자유로우며, 상황에 쉽게 적응할 수 있습니다. 미래사회에는 비즈니스 형체가 없어도 많은 것을 전달하고 제조할 수 있습니다. 25명, 10명, 5명의 직원이 타 회사와 네트워크를 이루어 국제교역 및 사업을 수행할 수도 있습니다. 이미 남미 등에서 이런 기업의 활동이 활발합니다. 더 적은 인원으로 더욱 전문성을 발휘하는 기업이 미래기업의 모델입니다.

2002년에 캘리포니아의 아펙스디지털^{Apex Digital}은 12명의 직원으로 10억 달러를 벌어들였는데, 아웃소싱으로 함께한 인원을 다 합쳐도 100명이 채 안됩니다. 미래 트렌드는 소규모 조직 운영입니다. 이미 미국의 중소기업이 대기업보다 13배나 더 많은 특허를 출원했고, 유럽 기업의 90퍼센트가 10명 이하입니다.

미래기업이 염두에 두어야 할 것은 직원들의 다양한 관심사를 제한하지 말라는 것입니다. 그런 다양한 관심사가 회사에 다양한 기회를 가져다준다고 합니다. 미래기업은 일류대학 MBA 학위를 가진 사람의 판에 박은 사고보다는 평범한 대학을 나왔더라도 다양한 경험과 극한상황을 많이 겪어본 사람을 더 원한다고 합니다.

데이토 그렇습니다. 대기업은 앞으로 20~30년 사이에 국가의 힘이 빠지면서 더욱 강해지다가 급격히 힘을 잃게 될 것입니다. 전자민주주의, 개개인의 권력 강화, 인간의 이동성 강화와 변화의 욕구 다변화에다, 회사에 얽매이기 싫어하는 사람들과 가상현실 속에서 직장을 구하는 사람들이 많아지면서 대기업은 결국 사라지게 됩니다.

⁞ 미래의 메가트렌드는 무엇인가?
누가 미래전문가인가?

박영숙 미래의 메가트렌드 이야기로 마무리를 지을까요? 국제화와 세계화로 지구공화국이 생긴다고 하는데 어떻습니까? 〈CIA 2020 보고서〉를 보면 2030년이 되면 중국이 세계 권력을 재편하고 2050년이 되면 인도가 세계최강국이 된다고 하는데요, 저는 매일 밤 수백 명의 미래전문가들과 메신저로 접속해서 미래 이야기를 합니다. 그런데 며칠 전 중국과 인도가 FTA를 체결하겠다고 하던 날 서구 미래전문가들이 조기를 달고 난리를 부렸습니다. 서구 문화, 즉 백인 문화의 종말을 예견한 것입니다. 지구촌 인구추이로 보면 2020년에 중국 인구가 19억, 인도는 17억, 아프리카가 16억 명에 달할 것인데, 유럽 중심국은 겨우 2억, 미국은 3억을 조금 넘긴다고 합니다. 미국과 유럽 전부를 합쳐도 아시아 50억 인구의 10분의 1 정도라고 보면 미래 권력이 어디로 가는지 보이지 않습니까?

데이토 내가 이미 앞에서 예측했듯이 백인 시대는 이미 갔습니다. 그리고 앞으로 지구공화국의 창설은 불가피합니다. 환경이나 에너지 문제를 개별 국가 차원으로는 대응할 수 없는 상황이 오며, 특히 첨단기술 발달로 남극과 북극은 물론 달과 우주까지 우리 삶의 공간으로 바뀔지 모릅니다. 그러면 그곳을 누가 다스리게 될까요? 지구공화국, 지구촌정부가 다스릴 수밖에 없습니다. 지금도 지구재판소, 지구의회 등을 만들자고 하는데, 그것은 일시적인 대안일 뿐이며 결국 100년 후에는 지구촌통합정부가 탄생할 수밖에 없습니다. 2차 세계대전 직후부터 1980년까지 여러 단체와 국제기구에서 지구정부 구성을 위해 애썼고 '세계질서모델 프로젝트' 같은 것이 떠서 지구촌 글로벌정부의 모델을 직접 만들어보기도 했습니다. 그러나 1980년에서 2000년까지는 글로벌정부에 대한 이야기가 쏙 들어가고 글로벌경제가 화두로 떠올랐습니다. 모든 국가가 경제에 매달리면서 치열하게 경쟁했고 일부에서는 경제 블록을 형성했으며, 신공공관리$^{\text{NPM: New Public Management}}$, 즉 '기업정부' 라는 모델이 만들어지기도 했습니다. 그러다가 미국 부시 정부가 들어섰고 팍스아메리카나$^{\text{Pax Americana}}$를 주창하면서 미국이 전 세계에서 패권을 쥐려는 움직임이 일어났습니다. 그러나 부시 정권이 지난 중간선거에서 패하면서 다시금 지구공화국, 지구촌통합 이야기가 나오고 있습니다.

박영숙 마지막으로 한국에서는 앨빈 토플러나 존 나이스비트 같은 수십 년 전의 미래전문가가 돈을 많이 벌고 있는데, 그들은 이메일도, 컴퓨터도 쓰지 않습니다. 미래전문가는 첨단기술에 능하고 사회

변화를 직접 경험하면서 지구촌 모퉁이에 있는 어느 젊은이의 목소리를 포착해야 하지 않겠습니까?

데이토 사실 앨빈 토플러와 나는 1971년 미래대안연구소를 만들어 같이 일했습니다. 그러다가 앨빈은 기업컨설팅으로, 말하자면 돈 벌러 가고 나는 학계에 남았습니다. 나의 장점은 학부 및 대학원 학생을 가르치면서 늘 온라인으로 접속해 있고 젊은이와 교감한다는 사실입니다. 사실 그들은 80세가 넘은 고령이기도 해서 첨단기술이나 젊은 세대와의 접속이 끊어진 지 오래되었다고 봅니다. 첨단기술의 개벽은 하룻밤 사이에 이루어집니다. 24시간 접속해 있는 사람만이 미래전문가입니다. 책을 쓰는 일은 2~3년 걸리기 때문에 그만큼 오래된 정보를 사용합니다. 따라서 잡지에 기고하거나 국제행사에서 발제를 많이 하고, 주로 온라인에 매일 밤 자신의 글을 올리는 사람이야말로 진정한 미래전문가라 해야 하지 않겠습니까?

〔2006년 11월 10일〕